Chemnitzer
bebilderte Chronik
und Sagen

Dr. Werner Graupner

Chemnitzer bebilderte Chronik und Sagen

Geiger-Verlag, Horb am Neckar

ISBN 3-89264-773-9

Alle Rechte bei
Geiger-Verlag, 7240 Horb am Neckar
1. Auflage 1993
GD 0397 01 3 BC
Layout: Anna Zens
Gesamtherstellung: Geiger Druck GmbH, Horb am Neckar

Inhaltsverzeichnis

Zum Geleit 6

Chronik 7-8

Stadtplan „Chemnitz 1761" 9

Ein Bergkloster im Urwald 10-14

Sankt Benedikt und seine Ordensregel 15-18

Letzte Äbte 19-21

Sagen und Erzählungen 22-23

Franziskanermönche in Chemnitz 24

Roter Turm, Stadtmauer und Tore 25-27

Unterirdische Gänge und Bergkeller 28-29

Handel, Gewerbe, Handwerk 30-34

Rat- und Stadthäuser, Geschäfte 35-47

Dr. Georgius Agricola 48

Bürgerhäuser und Bürger vergangener Zeiten ... 49-51

Älteste Gasthöfe und Gasthäuser 51-54

Älteste Kirchen im Stadtgebiet 55-64

Alte Friedhöfe 65-67

Strafverfahren in älterer Zeit 68-69

Anfänge des Schulwesens 70-72

Chemnitzer Denkmale und Kleinode 73-82

Persönlichkeiten in Chemnitz 83-84

Carl Stülpner 85

Schloßteich und Stadtpark 86-91

Zeisigwald 92-96

Chemnitz vor und nach den Luftangriffen 97-125

Chemnitz heute 126-140

Erläuterung zu Fremdwörtern
und Ausdrücken 141-143

Zum Geleit

Als gebürtiger Chemnitzer befasse ich mich von Jugend an mit der historischen Entwicklung der Stadt. Dem geschätzten Anliegen hiesiger Bürger nachzukommen, habe ich nunmehr geschichtliche Begebenheiten aus der Zeitspanne vom Urwald bis zur heutigen Stadt leichtverständlich und anschaulich dargelegt. Mit der Anzahl der Bilder hielt ich es mit Goethe, sagt er doch im Vorspiel zu Faust: „Wer vieles bringt, wird manchem etwas bringen." Die Materialien für den textlichen Inhalt und die Bilddokumente entstammen dem Schloßberg-Museum, dem Stadtarchiv, dem territorialen Kabinett der Stadtbibliothek, aus Privatbesitz und eigenem Literaturbestand. Auch fanden Aufnahmen aus dem Archiv der Firma FOTO-FUCHS datengemäßes Einordnen. Als Hobby-Fotograf war es mir ein Bedürfnis, Motive mit gewollter Aussagekraft aufzufinden und die lichtbildnerischen Produkte in den Buchtext einzufügen. Dabei handelt es sich nicht bei jeder Aufnahme um einen „Schnappschuß". Lohnende Motive erfordern oft Zeit und Geduld sowie fototechnisches Können.

Um das Satzbild nicht zu beeinträchtigen, habe ich auf Fußnoten verzichtet und 108 mehr oder weniger notwendige Erläuterungen zu Fremdwörtern und Ausdrücken alphabetisch zusammengestellt.

Möge mein Buch angetan sein, den verehrten Lesern die historische Entwicklung der Stadt Chemnitz zu vermitteln, bei älteren Bürgern Erinnerungen wachzurufen, jüngeren Einblick in die inhalts- und lehrreiche Vergangenheit aufzuzeigen und für ein Mitgestalten zum Wohle aller Bürger anzuregen.

Dr. Werner Graupner

Chemnitz, im Oktober 1992

Chronik

In dieser Zeittafel sind die in „Denkmale und Kleinode" sowie „Persönlichkeiten" enthaltenen Daten nicht nochmals erfaßt.

529	St. Benedikt gründet Kloster Monte Cassino
938	Bau der Jacobus-Kapelle
1136/37	Kaiser Lothar III. stiftet das Benediktinerkloster
1143	König Konrad III. verleiht dem Kloster Marktrecht
1165	Kaiser Friedrich I. verleiht das Stadtrecht
vor 1200	Bau der Nicolaus-Kapelle
um 1200	Baubeginn Roter Turm
1254–1264	Bau der Jacobi- und Johanniskirche
1290	Kloster kauft Oberhermersdorff
1296	Bau der Stadtmauer vollendet
um 1300	Bau der Nicolaikirche
1322	Dittmannsdorf und Olbersdorf zum Klosterbesitz
um 1324	Eingliederung von Kempnicz in wettinische Herrschaft
1334	Gründung der Schneider-Innung
1337	Kloster kauft Röhrsdorf
1338	Kloster erwirbt Lessen, Forth, Brunnen, Dragensdorff und Heinersdorf
1339	Erwähnung des Johannisfriedhofes
1344	Kloster kauft Stadt Kopitz in Böhmen
1357	Erteilung des Bleichmonopols
1375	Kloster kauft Herrschaft Rabenstein
1393	Recht zum Salzhandel
nach 1400	Tuchmacher beginnen mit Gewerbe
1402	Privileg der Fleischhawer
1470	erste Saigerhütte
1477	erster Kupferhammer
1480–1485	Entstehung des Heiligen Grabes
1483–1522	Amtszeit Abt Heinrich von Schleinitz
1484–1525	Bau der Klosterkirche
1485	Gründung des Franziskanerklosters
1486	Eröffnung der Lateinschule
1493	Abt Heinrich legt den Klosterteich an
1496	Gründung der Schuhmacher-Innung
1496–1498	Bau des steinernen Rathauses
1498–1500	Bau des Gewandhauses
1499	Umbau der Klosterkirche in Hallenkirche
1507–1566	Paul Neefe
1515	Hans Witten schafft die Geißelsäule
1522–1540	Amtszeit Abt Hilarius von Rehburg
1530	Anlegung von Bierkellern
1531	Dr. Agricola Stadtarzt in Kempnicz
1538	Gründung der Töpfer-Innung
1539	erste Apotheke in der Stadt Beginn der Reformation
1540	Auflösung des Franziskanerklosters Visitatoren im Bergkloster
1546	Dr. Agricola wird Bürgermeister, auch 1547, 1551 und 1553
ab 1546	Umbau des Klosters zum Schloß
1555	Dr. Agricola am 21. 11. verstorben
1559	Schaffung des Judith-Lukretia-Portals
1594	Eröffnung der Adler-Apotheke
1617	Rathaus am 5. 1. abgebrannt
1618/19	Neubau des Rathauses
1618–1648	Dreißigjähriger Krieg
1693	erste Buch- und Kunsthandlung in der Stadt
1736–1741	Errichtung des Siegert'schen Hauses
1798	erste Anlage des Bürgergartens
1831	Eröffnung der ersten Bürgerschule
1836	Gründung der Königlichen Gewerbeschule am 2. 5.
1837	erste Drogen- und Farbenhandlung in der Stadt
1853	Einrichtung des Gefängnisses Herrenstraße
1870	Schloßteichinsel Verkehr übergeben

1883	Chemnitz wird Großstadt	1913	Eingemeindung von Borna und Furth
1886	Anlegung des Stadtparks		H. und C. Tietz eröffnen Warenhaus-Neubau
1894	Eingemeindung von Altchemnitz		Dr. Werner Graupner am 8. 11. geboren
1906	Eingemeindung von Hilbersdorf	1931	Eröffnung des Schloßberg-Museums
1907	Eingemeindung von Bernsdorf	1945	Luftangriffe am 14. 2. und 5. 3.
1909	Einweihung Museum und Neues Theater	1978	Glockenspiel im Turm des Neuen Rathauses
1911	Einweihung Neues Rathaus am 2. 9.		

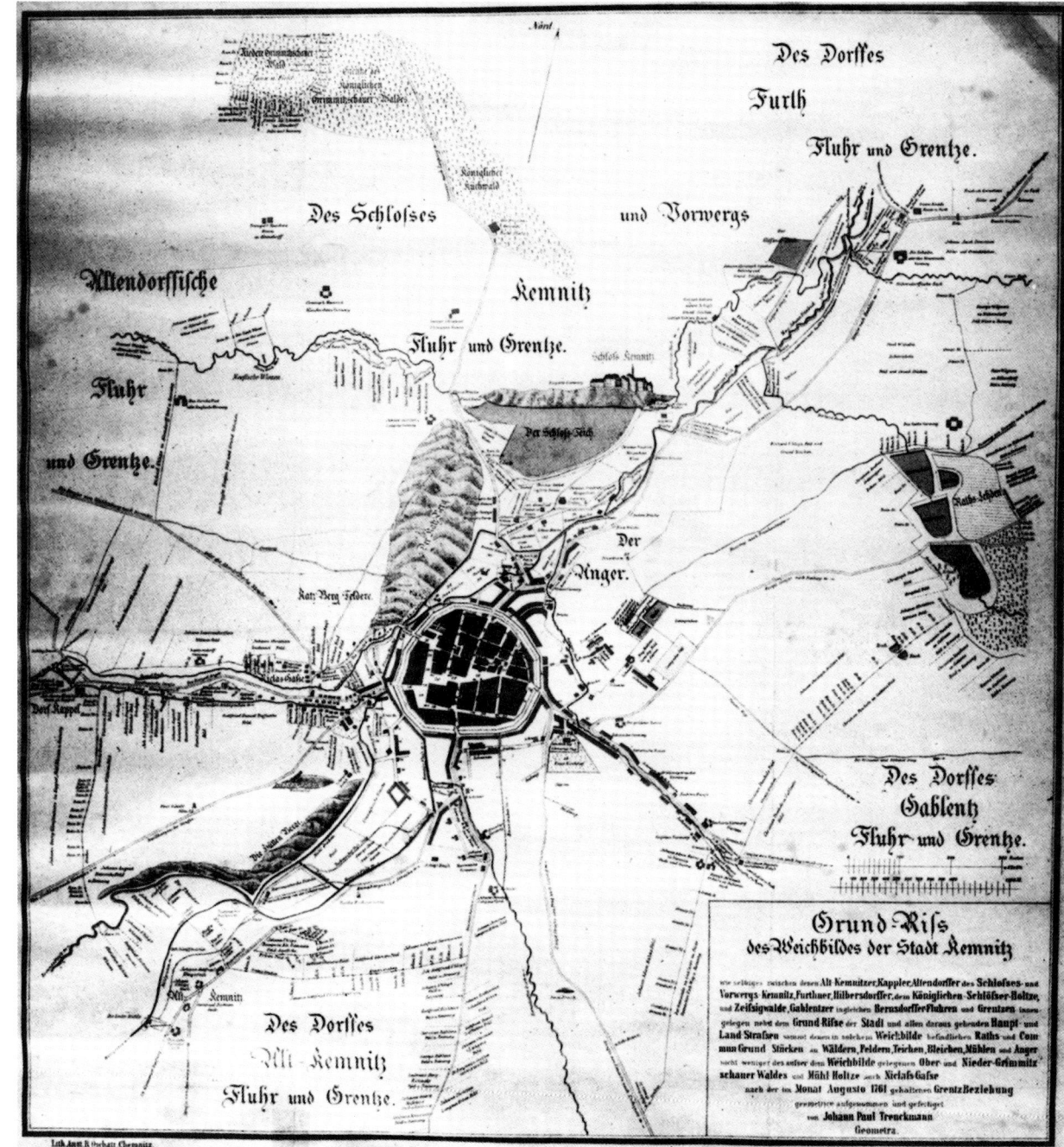

Ein Bergkloster im Urwald

Für die Bürger der Stadt Chemnitz, die im Jahre 1883 die Einwohnerzahl von 100.000 erreichte und seitdem als Großstadt zählt, ist es kaum vorstellbar, daß sich hier und über das Erzgebirge hinweg der sogenannte Miriquidu ausbreitete. Diese Bezeichnung stammt aus dem Germanischen und bedeutet „Schwarzer Wald". In der Literatur findet man auch Miriquidi vor, was sorbischen Ursprungs ist. Dieser Urwald dürfte vor Millionen von Jahren in sumpfigen Niederungen so ausgesehen haben (s. Bild). Er war siedlungsleer und bildete seit etwa 950 die Randzone des Pleißnischen Reichsgebietes.

Bestand der Wald einstmals aus Kiefer, Birke und Hasel, so herrschte später der Fichtenmischwald vor und seit der Zeitenwende der Fichten-, Buchen-Tannenwald. Aus den näheren Ansiedlungen der sorbischen Bevölkerung durchstreiften Jäger dieses unwirtliche Gebiet, und Zeidler entnahmen den Waben der Waldbienen den Honig. Trampelpfade durch den Gebirgswald führten teils bis nach Böhmen (semita Bohemica). Die Waldgänger orientierten sich an Bachläufen, denen sie sorbische Namen gaben.

Obwohl dieser Urwald nur unter großen Schwierigkeiten zu roden war, machten sich ab 1160 Ansiedler bis auf Höhen von 800 m seßhaft, wodurch der Holzbestand erheblich zurückgedrängt wurde. In der Chemnitzer Gegend erinnern an den Miriquidu noch heute der nordöstlich von Adelsberg gelegene Schwarzwald sowie das Schwarze Holz, ein Waldstück an der Zschopauer Straße am Abzweig nach Thum.

Kaiser Lothar III. gründete vermutlich 1136/37 inmitten des Gebirgswaldes auf dem heutigen Schloßberg das der heiligen Jungfrau Maria, dem Evangelisten Johannes und dem Täufer Johannes gewidmete Benediktinerkloster. Der Benediktinerorden war einer der ältesten europäischen Mönchsorden, gegründet vom heiligen Benedikt. Die unter Abt Abdulreich I. für das hiesige Kloster betrauten Mönche kamen aus dem 1125 geweihten Benediktinerkloster Pegau. Mit den Mönchen waren deutsche Bauernfamilien und Jungbauern aus Rheinfranken eingewandert.

Lothars Bestreben war im wesentlichen, mit dem Kloster einen Stützpunkt des Böhmenhandels zu schaffen. Hierzu traf er Handelsabkommen mit dem Böhmenherzog Sobieslaw. Für die Gründung des Klosters als Reichsabtei und die damit ausgelöste Besiedlung waren die bereits vorhandenen Fernhandelswege von Bedeutung. Einer hiervon führte von Halle über Leipzig, Altenburg, Waldenburg und Rabenstein, dann den Kaßberg herab durch die Chemnitzaue, stieg in Richtung Zschopau und weiter über den

Heiliger Benedikt

Erzgebirgskamm nach Böhmen. Der andere Handelsweg verlief von Leipzig über Rochlitz, Hilbersdorf in die Chemnitzaue und über Zöblitz nach Prag. Als alter böhmischer Weg hieß er antiqua semita Bohemica. Die Frankenstraße kam von Nürnberg über Hof, Plauen, Zwickau und führte durch das hiesige Gebiet weiter über Dresden nach Polen. Jedenfalls näherten sich diese holprigen Fahrwege auf etwa 5 km; ein Fakt, der für die Auswahl des

Standortes des Klosters mitbestimmend gewesen sein wird.

Mönche, Laienbrüder und Arbeitsleute rodeten mühsam Stück für Stück des Urwaldes und bauten Blockhütten für eine vorübergehende oder ständige Ansiedlung. Auch dürften Händler gekommen sein, für die Unterkünfte zu schaffen waren. Die Dächer der Blockhütten deckten sie mit Schilf von den Ufern des Pleißebaches. Dann begannen sie mit dem Bau der teils in Holz ausgeführten Klosteranlage, die mehrere Bauperioden im romanischen Stil aufweist. Zusätzlich ließen königliche Dienstmannen den Wald in Klosternähe roden und setzten Bauern für die Nutzung des Bodens an.

König Konrad III. bestätigte 1143 die von Kaiser Lothar am „locus Kamenicz dictus" vollzogene Gründung des Benediktinerklosters. Ein weiteres Zeugnis hierfür ergibt sich aus dem Nekrologium des Klosters, in welchem auch Kaiser Lothar und seiner Gemahlin Richenza gedacht wird. Im gleichen Jahre soll Konrad bestimmt haben, „daß die Oberen des Klosters in unmittelbarer Nähe auf Reichsboden einen öffentlichen Handelsmarkt errichten durften, wo sich Fernhändler niederlassen und zollfrei sein sollten". Mit dem forum publicum verlieh er dem Kloster das Marktprivileg und übergab Land im Umkreis von zwei Meilen. Das Marktrecht bezog sich auch auf den wilden Handelsverkehr, der sich über den Klosterbereich hinaus gebildet hatte.

Im Jahre 1274 begann der Um- und Ausbau der Klausur und gegen Ende des 13. Jahrhunderts wurde das Kloster völlig erneuert. Eindrucksvoll zeigt sich die Giebelfront, gestaltet mit drei großen Fenstern und dem künstlerischen Wabengiebel darüber. Im Kloster befindet sich der wertvollste Kreuzgewölbegang Sachsens.

Nach dem Klosterbau errichteten die Mönche eine kleine Klosterkirche im altromanischen Baustil und weihten sie ebenfalls der heiligen Jungfrau Maria. Es war die älteste der Chemnitzer Kirchen. Aus einem Dachreiter erschallte ein hellklingendes Glöckchen ins Tal hinab.

Um die klösterliche Macht auszudehnen und eine gute

Giebelfront des Klosters

Kreuzgewölbegang

Lebensweise zu sichern, waren die Äbte des Benediktinerklosters stets auf den Erwerb von Dörfern, Gütern und Ländereien bedacht:

1290 Kauf der Dörfer Oberhermersdorff und Hilbersdorf
1318 Kauf und Schenkung von Alde Kempnicz
1322 Übernahme von Dittmannsdorf und Olbersdorf
1330 Erwerb der Kirche zu Glesaw
1337 Kauf von Röhrsdorf
1338 Erwerb von Lessen, Forth, Brunnen, Dragensdorff und Heinersdorf
1344 Kauf der Stadt Kopitz in Böhmen
1375 Kauf der Herrschaft Rabenstein

Um 1540 besaß das wohlhabende Bergkloster 41 abgabepflichtige Dörfer.

Am 29. Juli 1539 erschienen vom Landesherrn beauftragte Visitatoren im Kloster und verboten dem Abt Hilarius, weiterhin Messen abzuhalten. Am 20. April 1540 traten die Visitatoren wiederum vor den Konvent und verkündeten: „Unser Durchlaucht, hochgeborener Fürst und Herr, Herr Heinrich, Herzog von Sachsen, Landgraf zu Thüringen und Markgraf zu Meißen, hat beschlossen, die geistlichen Stifte in seinem Lande aufzuheben. Wollt ihr seinem fürstlichen Befehl folgen und das Ordenskleid ablegen und euch seinen fürstlichen Anordnungen fügen?" Der Prior Johannes Klawenhagen, Kantor Leonhardus Brawenstein sowie die Mönche Thomas Matths und Wolfgangus Awerschwald verneinten und verließen noch am gleichen Tage mit drei weiteren Mönchen das Kloster. Abt Hilarius, Prokurator Ludowicus Broeck und acht Mönche legten ihr Ordensgewand ab und verblieben im Kloster. Die Visitatoren sicherten ihnen ein behagliches Leben zu.

Herzog Moritz gestattete dem Abt, die Verwaltung des Klosters zu übernehmen. Am 13. April 1546 nahm Abt Hilarius seinen Abschied, womit die Existenz des Klosters nach über 400 Jahren aufhörte. Die Verwaltung oblag ab da dem Amtsschösser Barthel Lauterbach. 1541 hielt sich Herzog Moritz 13 Tage im Kloster auf. Von den verbliebenen Mönchen betätigte sich der Prokurator Broeck als Hofmeister, während die anderen faul und zänkisch dahinlebten. Trotz guter Verpflegung waren die einstmaligen Brüder unzufrieden. Vielleicht ist jeder seines Weges gegangen.

Ab 1546 ließ Herzog Moritz die Benediktinerabtei in ein Schloß mit über 90 Zimmern umbauen und einen Lustgarten anlegen. Ein Chronist schrieb: „Im Dezember 1603 stürzte sich einer vom Adel allhier vom Schlosse und fiel sich zu Tode. 1617 besserte der Schieferdecker von Annaberg das Kirchtürmlein aus, tat des Meisters Sohn einen Fehltritt, rutschte ab und blieb tot unten auf dem Pflaster liegen. Der Herr schenke beiden die ewige Ruhe." Von 1632 bis 1634 lagerten 1000 Soldaten des kaiserlichen Heeres im Schloß. 1668 erfolgte die Verlegung der Amtszimmer in die Stadt. Leere Räume wurden teils als „Gefängnis des schwarzen Loches" eingerichtet. 1884 ging das Schloß – ohne die Küche – in Besitz der Stadt über. Am 5. Februar 1931 eröffnete im ehemaligen Kloster das Schloßbergmuseum, welches wegen Rekonstruktion geschlossen ist.

Den Mittelpunkt des Pleißner Reichslandes stellte die Königspfalz Altenburg dar, wo der Hohenstaufer, Kaiser Friedrich I. (Barbarossa) 1165 verweilte und bei dieser Gelegenheit der sich im hiesigen Raum herausgebildeten Marktsiedlung das Stadtrecht als königliche Fernhandels- und Kaufmannsniederlassung erteilte. Kempnicz war damit Reichsstadt, die sich in der unbesiedelten Niederung und am Gabilencia-Bach günstig weiter ausdehnen konnte. Dies bedingte, dem Urwald durch mühevolle Rodearbeiten ständig mehr Boden abzugewinnen. So entstanden im umliegenden Gebiet um 1200 neun Reihendörfer mit Waldhufen als Landbesitz des Bergklosters. Zu den urkundlichen Erstnennungen von erzgebirgischen Siedlungen gehören: Kloster Kempnicz, Adorf, Altendorf, Altchemnitz, Gablenz, Kappel, Klaffenbach, Neukirchen, Stelzendorf und das Dorf unbekannten Orts De vuilla abbatis.

Der Name Chemnitz ist ebenfalls ein Bachname, haben doch die Sorben den Chemnitzfluß mit „kamenici wodi" benannt, was Steinbach oder auch Steinwasser bedeutet und für das steinreiche Wasserbett der Chemnitz zutrifft.

Schloß Chemnitz

Chemnitzfluß

Sankt Benedikt
und seine Ordensregel

Der heilige Benedikt wurde um 480 im italienischen Nursia geboren und stammte aus einer angesehenen Familie. Seiner Ausbildung in Rom entzog er sich schon als Knabe wegen Sittenlosigkeit der Mitschüler. Er begab sich weitab in eine Höhle und stiftete 12 kleine Klöster. 529 gründete er das Kloster

Monte Cassino und verfaßte daselbst für die nach ihm benannten Mönche eine Ordensregel. Es war eines der einflußreichsten Bücher des Mittelalters und verbindlich für das Zusammenleben der Mönche in ganz Europa. Diese Regel stellte alle Lebenswerte früheren Mönchtums zusammen, hütete sich vor Übertreibung körperlicher Selbstbeherrschung und besagte, daß ein asketisches Leben nur im Kloster möglich ist. Nicht allein Gebet und Meditation, auch notwendige und nützliche Arbeit bestimmen den Rhythmus des Tages: ORA ET LABORA!

Die Mönche mußten dem heiligen Benedikt versprechen, dem Ordensstande stets treu zu bleiben und das Kloster ohne Erlaubnis des Vorsitzenden nie zu verlassen. Dem Abt, der als Stellvertreter Christi im Kloster gilt, obliegt dabei, den Mönch zu einer der individuellen Anlage entsprechenden Vollkommenheit zu führen. Benedikt übernahm selbst die Erziehung von Knaben, die später für das Kloster vorgesehen waren. Wie überliefert, soll er nach einem wirkungsreichen Leben um 543 verstorben sein.

An Bekleidung trugen die Benediktinermönche eine Tunika mit kurzen Ärmeln und einen Mantel mit Kapuze von schwarzgrauer Farbe; daher ihr Name monarchi nigri. Bei der Arbeit erwies sich der Skapulier als günstig. Auf Reisen durften sie sich mit Femoralien und Schuhen bekleiden. Am Gürtel steckten Messer, Nadel, Schreibtafel mit Griffel und ein Taschentuch.

Ein Mönch zu werden, war nicht ohne weiteres möglich. Die erste Handlung bestand darin, an der Klostertür zu läuten. Vom Klosterbruder Pförtner wurden daraufhin dem Betreffenden abweisende Worte zuteil. Läutete der Bewerber an mehreren Tagen und begehrte Einlaß, so führte man ihn vorerst in das Gastzimmer, später ins Novicenzimmer. Im Beisein des Novicenmeisters sollte er hier über seinen Seelenzustand nachdenken, wobei ihm der Mönch die Härte und Beschwerlichkeit des Mönchslebens und -dienstes ernsthaft erläuterte. Blieb der Bewerber bei seinem Vorhaben, Klosterbruder werden zu wollen, so las man ihm nach zwei Monaten die Klosterregel vor. Nun konnte er sich entscheiden, ob er im Kloster bleiben oder ins Bürgerleben zurückkehren wolle. Sagte er dem

Mönchsleben zu, so konnte er sich sechs Monate lang im Novicenzimmer in Geduld üben. Hierauf las man ihm die Ordensregel wiederum vor und nach weiteren vier Monaten zum dritten Male. Versprach der Novice, daß er dieser gehorsam nachkommen will, wurde er in den Konvent aufgenommen. Der Abt unterwies ihn, daß er das Kloster nicht verlassen und sich der Klosterzucht nicht entziehen dürfe. Die Eidesformel unterschrieben, warf er sich jedem Mönch zu Füßen und bat, seiner im Gebet zu gedenken. Etwaiges Privateigentum übergab er Armen oder dem Kloster.

Der Tagesplan der Benediktinermönche verlief nach sieben Stunden Nachtruhe wie folgt:

2.00 Uhr Wecken

2.30 Uhr Mette: Nachtgottesdienst mit 6 Psalmen; An Sonn- und Feiertagen wurde außerdem der Hymnus „Te deum laudeamus" gebetet und gelesen.

3.00 Uhr Non: Hymnus mit 3 Psalmen; 2 Stunden Arbeit;

5.00 Uhr Laudes: Morgengebet mit 7 Psalmen;

7.30 Uhr Prim: Morgengebet mit Hymnus und 3 Psalmen; Stunde der Arbeit;

9.00 Uhr Terz: Hymnus mit 3 Psalmen; Stunden der Arbeit;

12.00 Uhr Sext: Mittagsmahl und Hymnus mit 3 Psalmen;

2.00 Uhr n. Nona: Arbeit und Gebet;

4.30 Uhr n. Vesper: Abendandacht mit Hymnus und 4 Psalmen; Einnahme des Abendbrotes;

6.00 Uhr a. Komplet: Abendgebet mit Hymnus und 3 Psalmen;

7.00 Uhr a. Nachtruhe

Jede Woche wurden 150 Psalmen gelesen oder gebetet, einige davon mehrmals. Zum Chorgebet fanden sich die Mönche im Oratorium, später in der Kirche zusammen. Beim Psalmengesang mußten Herz und Stimme in Einklang mit dem göttlichen Glauben stehen.

Es gab täglich zwei Mahlzeiten mit jeweils zwei Gerichten zur Auswahl, während der Quadragesima nur eine. Der Nachtisch bestand aus Obst, jungem Gemüse und einem Pfund Brot. Zum Küchenzettel trugen 27 Teiche mit Karpfen, Hechten und sonstigen Speisefischen bei. Auch Wein wurde verabreicht. Bei Enthaltung stand der betreffende Mönch in besonderer Gunst. Daß Brot, Bier und Wein nach persönlichem Belieben verfüg-

Die Brüder werden zusammengerufen

bar gewesen sein soll, dürfte nur zur Aufnahme von Novicen, zu Festtagen oder sonstigen gehobenen Gegebenheiten zugetroffen haben. Die Mönche speisten im Refektorium oder im Remter. Für den Tischdienst wechselten sich die Brüder ab. Dem wöchentlichen Küchendienst oblag auch die Fußwaschung der Mönche.

Vom Benehmen der Brüder bei Tisch

Bei Tische schau nicht hin und her, so daß du gar nicht weißt, wer an deiner Seite sitzt und was dein Nachbar tut und was er vor sich hat. Denke nur an dich, an Gott und die letzten Dinge. Iß mit Zucht, nicht mit der Geschwindigkeit des Fraßes. Beuge dich nicht wie ein hungriger Hund über die Speise. Verschmähe nichts, was man dir vorsetzt, und sei nicht ungeduldig, wenn die Speise Gebrechen hat. Beim Essen sprich nicht, dies ist nur dem Prior erlaubt.

Über das Maß der Speise

Auf jeden Fall muß Unmäßigkeit ferngehalten werden. Nie darf sich ein Mönch den Magen überladen, weil nichts so sehr wie die Völlerei dem Begriffe eines jeden wahren Christen widerstreitet.

Brüderlein trink!

Nach der Ordensregel dürfte für den Einzelnen eine Hemine Wein täglich ausreichen. Sollte aber die Arbeit oder die Sommerhitze mehr erfordern, so entscheide der Obere.

Er erwäge aber, daß sich nicht Trunkenheit einschleiche, denn der Wein bringt selbst weise Männer zu Fall.

Ein Prior ließ einst Wasser zum Weine gießen und sagte zu einem geschwätzigen Mönche: „Bruder, wann wird wohl euere Mühle einmal stille stehen?" Der Bruder antwortete: „Sie kann nicht, solange ihr soviel Wasser darauf gießet."

Ein Bruder hob einst bei Tische seinen Becher gar oft, was der Prior tadelte. Der Bruder gab zur Antwort: „Ein Sprichwort besagt, man solle nach einem guten Spruch einen Trunk tun. Nun werden uns aber so viele gute Sprüche vorgelesen, daß ich mit dem Weintrinken kaum nachkommen kann."

Über das Verhalten im Schlafe

Für einen geistlichen Menschen ziemt es sich nicht, daß ihn der Schlaf so gänzlich überfällt, daß er unsauber daliegt, mit in den Schoß gezogenen Händen. Vor allem schlafen wir ja deshalb bekleidet und gegürtet, damit wir keine Gelegenheit haben, die Hände am nackten Leibe hin und her zu führen, und damit wir den Geboten Genüge tun.

Zu den Bädern der Brüder

Nur zweimal im Jahr durfte ohne Erlaubnis des Abtes gebadet werden: Vor Weihnachten und vor Ostern. Sonstiges Baden erlaubte der Abt nur, wenn es die Gesundheit erforderte.

In der Freizeit beschäftigten sich die Mönche mit Handarbeiten, Büchern frommen Inhalts und überwiegend mit dem Studium der Heiligen Schrift. Nach den Vorschriften des kanonischen Rechts verfügte das Kloster auch über eine eigene Bibliothek. Bücher von besonderem Wert waren an Ketten befestigt. Die Bibliothek des hiesigen Benediktinerklosters bildete den Grundstein für diejenige der Universität Leipzig. Zur Fastenzeit war jeder Bruder angehalten, ein Buch von Anfang an vollständig zu lesen. Ältere Mönche kontrollierten die Stunden der Lesung. Gab sich ein Bruder dem Müßiggang oder der Unterhaltung hin, was nur in den dazu festgelegten Tageszeiten erlaubt war, erfolgte seine Zurechtweisung. Half dies nichts, wendete man die von der Regel vorgesehene Strafe zur Furcht der übrigen Mönche an. Die Brüder wurden auch zur Bewirtschaftung der klostereigenen Felder eingesetzt, wobei Fronbauern die körperlich schwere Arbeit zu leisten hatten. Der Holzschnitt von Wolf Traut zeigt „Mönche vor dem Kloster".

Letzte Äbte

Im Zeitraum von der Klostergründung bis zu dessen Aufhebung standen dem Benediktinerkloster 17 Äbte vor. Aus dem Leben der beiden letzten einige Begebenheiten: Abt Heinrich von Schleinitz trat sein Amt im November 1483 an. Er war von kräftiger Gestalt, kunstliebend und humanistisch gebildet. Besonders zu schätzen sind seine engen Verbindungen zu dem humanistischen Gelehrten Paulus Niavis, dem ersten Rektor der Lateinschule. Bei Abt Heinrich herrschte Ordnung und Strenge im religiösen Tagesablauf, was einigen Brüdern nicht behagte. Trotz aller Würde und Selbstzüchtigung soll aber auch er sich Abweichungen von der Ordensregel gegönnt haben. Am 13. Mai 1522 gab Abt Heinrich dem Konvent zur Kenntnis, sein Amt aufzugeben. Er hatte dem Kloster 39 Jahre vorgestanden. Für geruhsame Jahre bedang er sich ein so reiches Einkommen aus, daß seine Lebensführung mehr die eines Fürsten als die eines Jüngers des heiligen Benedikt gewesen sein muß. Der Konvent bewilligte ihm an Provision auf Lebenszeit: „Czum ersten sall seyne gnade zou wesentlichem enthallt haben die pfarre sancti Iodici zcur Glesaw mit dem filial und aller zugehorunge nutzunge und einkommen, mit dem vihe getreylich futter und haußgerethe so darinnen vorhanden, gantz freye aller pension." Am 20. November 1522 entsagte Abt Heinrich im Beisein des Bischofs von Meißen. Über die Vermögensverhältnisse von Abt Heinrich ist ausgesagt, daß er Anteil an den Annaberger und Schneeberger Silbergruben besaß. Von seinem Reichtum finanzierte er den Umbau des unansehnlich gewordenen Klosters.

Abt Hilarius Carpentarius von Rehburg war oberster Diener des Benediktinerklosters zu Gossek im Bistum Halberstadt und wurde 1522 mit 42 Jahren als letzter Abt Nachfolger von Abt Heinrich. Abt Hilarius soll ein gutmütiger und trinkfreudiger Mensch gewesen sein. Mit der Einhaltung der Benediktinerregel nahm er es für sich und seine Mönche nicht allzu genau. So weiß die Fama zu erzählen, er habe sich zu seiner Erbauung Bürgerstöchter, artig in Mönchshabit verpackt, ins Kloster geholt. Vielleicht waren es Auswirkungen der Reformation, die zu solcher Entgleisung beeinflußt haben. Auch ist nichts bekannt, daß er die Umwälzung der religiösen Bewegung beachtet hätte.

Nach der Auflösung des Klosters (1540) heiratete Abt Hilarius die Tochter des hiesigen Bürgermeisters Heintze und wohnte mit ihr und seinem ehelichen Sohn bis 1546 im Abtsgebäude. In den Ruhestand versetzt, zog er dann in sein Haus am Roßmarkt. Außer jährlich 500 Gulden bewilligte ihm der Herzog Anteil an Hafer, Korn, Heu, Holz, Karpfen, Hechten und Kühen. Dafür übergab der Abt das gesamte Klosteranwesen an den Herzog von Sachsen. Im April 1551 starb Abt Hilarius im Alter von 71 Jahren. Der Stadtpfarrer zu Kemnicz schrieb unter Aprilis ins Totenbuch: „Den sechsten ist zu der erden bestadt der ehrwürdige her apt und archidiaconus auff dem closter Kemnicz, dem got gnade."

Abt Hilarius

Roßmarkt

Sagen und Erzählungen

Aus der Zeit der schwarzen Mönche vom Bergkloster und der Klosterkirche stammen Sagen und Erzählungen, von denen ausgewählte gekürzt dargeboten werden.

Die unzufriedenen Mönche Magnellus und Wendeler

„So kann das nicht weitergehen. Heute mußte es Fisch geben, aber Klöße mit Kohl haben wir gekriegt, Bruder Wendeler. Will uns denn Abt Heinrich den Hungerriemen noch enger schnallen? Wie hatten wir's doch gut, als der selige Abt Caspar von Meckau noch lebte!" An Fasten dachten die Brüder wenig, dafür mehr an Hühner und Martinsgänse. 1485 sagten beide Mönche dem Kloster St. Marien ade! und liefen ein anderweitiges an.

Die Sage von der Geißelsäule

Aus dem Lehmfußboden der Gesindestube des Klosters wuchs ein Lindenpflänzchen. Abt und Mönche betrachteten es wie ein Zeichen der Jungfrau Maria. Das Pflänzchen wuchs aber so, daß der Abt eine Öffnung in die Decke brechen ließ. Der prächtige Lindenbaum mußte schließlich gefällt werden. Und als der berühmte Holzschnitzer Hans Witten nach Kemnicz kam, gestaltete er aus dem starken Baumstamm die Geißelung Christi.

Der spukhafte Mönchskopf

In der Vorwerkstube des Klosters St. Marien befand sich ein Mönchskopf. Verulkte man ihn, so konnte das üble Folgen haben. Ein Steinmetzgeselle, der auf seiner Wanderschaft nach hier kam, besichtigte den Mönchskopf. Über das faltige und zornige Gesicht ließ er sich zu Spott

hinreißen und schnitt ihm Fratzen. Auf dem Heimweg mit weiteren Gesellen überkam ihm die Notdurft. Ein Mönch, dessen Gesicht sich häßlich und verzerrt zeigte, warf ihn in einen Teich. Die Gesellen hörten einen Aufschrei, eilten zurück und zogen den verängstigten Steinmetz heraus. Erst nach Monaten nahm sein Gesicht wieder ein normales Aussehen an.

Die Teufelskanzel

Der Teufel soll schon mit dem Bau des Klosters nicht einig gewesen sein, und er sann nach, den Mönchen einen Streich zu spielen. Nach Beendigung des Baues der Klosterkirche errichtete er eines Nachts gegenüber der Kanzel eine zweite, deren Zugang er vermauerte. Die Mönche waren erstaunt, konnten die Kanzel aber nicht betreten. Schließlich bemerkten sie im Gemäuer den Abdruck eines Pferdefußes, wonach der Boshafte hier sein Unwesen getrieben hat. Die Teufelskanzel war später im Schloßgelände ausgestellt.

Eine Unglücksnacht um 1200

In einer Winternacht hörte ein Mönch „Feuer!" rufen und weckte sofort seine Brüder. Schlaftrunken rappelten sie sich aus den Betten, traten sich auf die Kutten und stolperten. Einige stapften barfuß in den Schnee. Im Wirtschaftshof brannte die große Scheune, in der das Zinsgetreide lagerte. Unerschrocken gingen die Mönche daran, zu retten und zu bergen. Laienbrüder und Dienstboten brachten Kühe, Pferde, Schafe und Schweine ins Freie, schleppten Kornsäcke und Heubündel und warfen Gegenstände aus den Wohngebäuden. Die Flammen züngelten in Fachwerkhäuser über. Niemand konnte löschen.

Dank der Windstille blieben die eigentlichen Kloster-
gebäude von den Flammen verschont.

Noch vor Morgengrauen war die Gefahr vorüber. Über-
nächtigt und erschöpft standen die Brüder zum Gebet am
Hochaltar. Ihr Gloria patri erklang voller Dankbarkeit. Abt
Lambert lag seit Wochen krank im Bett. Als die Feuerrufe
erschallten, legte der dienende Mönch gerade Heilkräuter
über glimmende Holzkohlen. Der Abt atmete den Duft der
Dämpfe zum letzten Male ein. Nach dem Morgengebet
erfuhren die Brüder, daß sie in der Nacht nicht nur Häuser
und Güter, sondern auch ihren Obersten verloren hatten.

Der schwarze Fleck in der Klosterkirche

Zur Zeit des letzten Abtes Hilarius gehörte ein junger
Mönch Erwin zur Bruderschaft, war wissensdurstig und
grübelte darüber nach, wie man Gold herstellen könne.
Bücher über geheimnisvolle Kräfte und chemische Versu-
che verhalfen ihm in keiner Weise zum Vorhaben. Zufällig
kam er in Besitz des Buches Dr. Faust Höllenzwang. Wollte
er damit Erfolg haben, so mußte er sich in der Nacht vor
dem Himmelfahrtstag dem Teufel verschreiben, womit er
nicht zögerte. Zur Feier am Himmelfahrtstag war Bruder
Erwin ausersehen, mit einem weißen Umhang bekleidet,
den zum Himmel emporschwebenden Christus darzustel-
len. Als ihn die Mönche an einem Seil zur Kirchendecke
hochzogen, da riß das Seil und der Mönch Erwin stürzte
tödlich ab. Der schwarz gewordene Blutfleck auf dem
Steinpflaster hielt sich über lange Zeit. Das unglückbrin-
gende Zauberbuch vergruben die Mönche im Klostergar-
ten.

Pfortensteg

Franziskanermönche in Chemnitz

Gegenüber dem Pfortensteg befand sich im 15. Jahrhundert an der Theaterstraße freies Gelände. Auf diesem wurde im Sinne des katholischen heiligen Franziskus 1485 für 16 Mönche ein ansehnliches Kloster gegründet. Franziskus war der Stifter des mit Beginn des 13. Jahrhunderts eingeführten Bettelordens der Franziskaner, dessen Mitglieder „Fratres minores", d. h. Minderbrüder hießen. Das Kloster nannte man auch Barfüßerkloster, da die Mönche barfuß in Sandalen gingen. Der Vorstand des Klosters war der Guardian.

Franziskus führte einige Neuerungen für seine Minderbrüder ein. So konnten auch Verheiratete Bruder werden, wenn die Ehefrau bereits in ein Kloster gegangen ist. Diese Mönche gaben auch ihren gemeinsamen Besitz auf, womit sie aufs Betteln angewiesen waren. Für ihre Predigten mit Almosen zufrieden, machten sie sich schon deshalb bei den Bürgern beliebt. Ihr Wirkbereich erstreckte sich nicht nur auf das Klosterobjekt. Die Seelsorge der Bürger wurde ihnen zur Lebensaufgabe. Zu ihrer dürftigen Ordenstracht gehörten: Zwei kastanienbraune Tuniken, Beinkleider, Leibstrick, kurzer Mantel und Sandalen. Hemden und Schuhe waren nur solchen Brüdern erlaubt, deren Gesundheitszustand dieser bedurfte. Das Leben in den Klöstern soll jedoch von echt franziskanischer Fröhlichkeit geprägt gewesen sein.

Am Einzug der Mönche in ihr Kloster nahmen die Benediktinermönche des Bergklosters teil. Die Brüder beider Orden fanden sich hierbei harmonisch zusammen, was aber nicht jederzeit der Fall war.

Der Franziskanerorden richtete auch Bruderschaften ein. Wer sich einkaufte, wurde aller Gnadenhandlungen des Klosters teilhaft; Messen, Vigilien, Psalter, Gebete, Fasten und Kasteiungen. Finanzielle Hilfe erhielten die Brüder durch Handwerksinnungen, die sich in die Bruderschaft aufnehmen ließen. Gemäß Originalurkunde vom 21. August 1489 trat auch die Familie Neefe der Bruderschaft bei. Am 12. April 1540 befahl Herzog Moritz von Sachsen, auch dieses Kloster aufzulösen. Unverzüglich mußten die Mönche die Stadt verlassen.

Im 17. Jahrhundert fiel der Klosterbau einem Großbrand zum Opfer. In den Jahren 1955 bis 1959 durchgeführte Grabungen legten die Grundmauern des Klosters frei und vermittelten ein Bild von der flächenmäßigen Größe dieses ehemaligen Klosterbaues.

Roter Turm, Stadtmauer und Tore

Das älteste Wahrzeichen von Chemnitz ist eindeutig der Rote Turm. Er dürfte um 1200 als Eigenbefestigung eines königlichen Dienstmannes entstanden sein. Jedenfalls wurde er in die Stadtmauer einbezogen. 5 m tief in Flußschotter gegründet, steht er auf einer Talsandinsel im Mündungsbereich des Gablenzbaches. Seine Außenmaße betragen 9 m x 9 m. Die Turmhöhe bis zum Hauptsims mißt knapp 27 m. Auf Grundmauern von ringsum 5,04 m Dicke verteilt sich die Turmlast. Im 4. Stockwerk weist das Mauerwerk noch 2,04 m Wandstärke auf. Sein Backstein-Obergeschoß und die spätgotische Umrahmung des Turmeinganges stammen aus dem 15. Jahrhundert. Mit der 7,10 m hohen geschwungenen Turmhaube und der 4,40 m hohen Spitze wurde der Turmbau vermutlich 1555 abgeschlossen, denn die Wetterfahne zeigt links das kursächsische Wappen mit der Jahreszahl 1555 und rechts den Wiederaufbau mit 1958. Die Bezeichnung Roter Turm ist wahrscheinlich von der rötlichen Farbe des Porphyrtuff-Mauerwerkes hergeleitet. Den Luftangriffen konnte die Turmhaube nicht standhalten. Mit der Wiederherstellung erfolgte gleichzeitig der Anbau des Tanzcafès.

Zum Schutze vor den Überfällen der Böhmen zu Anfang des 13. Jahrhunderts begann man mit der Anlage einer ummauerten Stadt. Lang- und Herrengasse bildeten dabei einen Teil des Mauerrings. Die Stadtmauer wird zwar erst für 1264 erwähnt, jedoch dürfte ihr Bau auf einige Jahrzehnte zurückgehen. Eine Höhe von 5,70 m und eine Dicke von 1,50 m hatte die mit einem überdachten Umgang versehene Hauptmauer. Die Vor- oder Zwingermauer war 3,50 m hoch und etwa 85 cm stark. Insgesamt gehörten 25 Türme zur Stadtbefestigung. Die Nutzung der Stadttürme als Gefängnisse veranlaßte die Bürger, sie mit Spottnamen zu bezeichnen. So gab es das Bäuerle, den Wolfs-Beltz, die Bürgerlust und die Katze. Durch vier Stadttore mit Türmen bewegte sich der Fuß- und Fahrverkehr stadt- und landwärts. Auf den ausgetrockneten und ausgefüllten Festungsgräben errichtete man ab 1830 Bürgerhäuser und öffentliche Gebäude.

Roter Turm mit Wehrgang

Roter Turm

Nach den Luftangriffen

Herrengasse

Unterirdische Gänge und Bergkeller

Ältere Bürger der Stadt wollen davon wissen, daß die Mönche vom Klosterberg aus unterirdische Gänge gegraben hätten. Einer hiervon sei, unter dem Pleißebach hinweg, bis zur Klosterstraße angelegt worden, um ungesehen in die Stadt zu gelangen. Ein anderer Gang verliefe bis nach Rabenstein. Auch meinten Einheimische, die Bergkeller seien Eingänge zu Fluchtwegen nach außerhalb der Stadt. Derartige Erzählungen entsprechen in keinem Falle der Wirklichkeit, was nachstehend ersichtlich werden dürfte.

Das Selbstbrauen von Bier geht auf Jahrhunderte zurück. Der königliche Grundherr verlieh hierzu der Stadt das Privileg der Biermeile. Damit war Unberechtigten Bierbrauen im Umkreis von einer Meile verboten. Als Endprodukt des Brauvorganges entstand Dünn- oder Tränkebier, welches keiner Lagerung bedurfte. Dies änderte sich um 1530. Aus Bayern kam eine neue Bierart, die erst durch Lagerung ihre Genußreife erhielt. Hierzu waren geeignete Lagerkeller anzulegen. Diese entstanden als Bergkeller am Niclasberg, Kaßberg sowie unterhalb der Schloßkirche und der Gaststätte Miramar. Das Inventarium des Klosters wies 1538 einen „birkeller" auf.

In den Bergkellern waren Längs- und Querschläge in bergmännisch sauberer Art ausgeführt und oft mit gewölbten Ziegeldecken versehen. Als Kellerbesitzer werden 1531 genannt: Hans arnold, Petrus Büttner, Blasius eckart, Hans hegelin, Hans Hoffmann und Paul schweinford. Eine mehrfach verzweigte Kelleranlage mit Räumen bis zu 18 m^2 Grundfläche befindet sich noch im Kellerhaus, Schloßberg Nr. 2. Der historisch interessierte Wanderer vermißt allerdings über der Haustür die ehemaligen Ziffern des Baujahres dieses Gebäudes sowie daselbst den Spruch: „Es wünsch' mir einer was er will, Gott gebe ihm nochmal so viel."

Mit der Schankordnung von 1778 erübrigte sich jede Bierlagerung, womit die Bergkeller nach fast 200 Jahren ausgedient hatten und nur noch teils genutzt werden, teils unzugänglich gemacht worden sind.

Kellerhaus

Handel, Gewerbe, Handwerk

Die Blütezeit der Städte begann im 13. und 14. Jahrhundert und so auch im damaligen Kempnicz, wobei die städtische Entwicklung überwiegend der Handel bewirkte. Kempnicz wurde mit der Zeit zum Umschlagplatz für vielerlei Güter: Getreide, Nahrungs- und Genußmittel, Feld- und Walderzeugnisse, Produkte der Leineweber und Tuchmacher, Blei- und Kupfererze sowie Metallwaren. Durchreisende Händler trugen zur Handelstätigkeit und Mehrung der Einnahmen bei.

Mit dem 14. Dezember 1357 gestatteten die Markgrafen Friedrich und Balthasar die Einrichtung einer Landesbleiche, die sich am Chemnitzfluß zwischen Kaßberg, Stadtmauer und dem Klosterteich hinzog. Gießknechte begossen die Leinenbahnen, und Mangelknechte glätteten die Leinenstoffe. Ein Bleichmeister betreute den Arbeitsablauf, und ein Bleichrichter garantierte die landesherrlichen Ansprüche aus den Bleichgebühren. Die Bürger aller Städte und Dörfer im Umkreis von 10 Meilen mußten ihre Leinwand hier bleichen. Besitzer der Bleiche waren vier finanzkräftige Männer, darunter ein hiesiger. 1477 erfolgte der Verkauf der Bleichen an die Stadt. Im 18. Jahrhundert verfügten die Bürger über eigene Bleichen.

Das Salz mußte aus Thüringen herangefahren werden und wurde bald zu einem begehrten Handelsartikel. Fuhrleute transportierten es auf holprigen Straßen von Halle über Leipzig bis nach Böhmen.

Der städtische Handelsverkehr vollzog sich auf den Märkten, von denen der Hauptmarkt den Mittelpunkt bildete. Die anderen waren: Holz-, Roß-, Topf-, später Neumarkt und Getreidemarkt. Außer dem Jacobimarkt gab es ab 1531 auch den iaremarkt sowie zwei Viehmärkte. Handelspartner fanden sich bis aus Leipzig und Nürnberg ein. Den Marktbetrieb überwachte ein Marktmeister, der insbesondere die Gemäße und Gewichte überprüfte. Eine Glocke läutete den Marktbetrieb ein, vorheriger Kauf kostete Bußgeld.

In Chemnitz hatten sich Leineweberei und Leinehandel verstärkt entwickelt. Die hiesige Leinwand war schon im 15. Jahrhundert eine begehrte Ware auf den Messen von Leipzig und Naumburg sowie auf dem Laurentinusmarkt in Hof und Nürnberg. Mit der Änderung der Produktion von Leineerzeugnissen auf Barchentherstellung führten viele Webmeister als Heimarbeiter ein kärgliches Leben. Noch im 19. Jahrhundert wurde die Weberei als Hausindustrie betrieben.

Die Tuchmacherei, meist Kleinbetriebe, begann im 14. Jahrhundert. Exporte gingen nach Böhmen und Nürnberg. Zum Färben der Stoffe verwendete man Waid, einen blauen Farbstoff der in Thüringen heimischen Waidpflanze. Die Färberöte wurde aus Breslau angefahren.

Nach einem Privileg von 1402 sollten die Fleischhawer bei ihren bisherigen Rechten, Freiheiten und Gewohnheiten bleiben. An den Landesherrn mußten sie Schlachtzins abführen. Der Fleischverkauf fand vorerst hinter dem Alten Rathaus statt, später in den Lauben.

Die Bäcker unterlagen vom 15. bis ins 19. Jahrhundert hinein Gewichtskontrollen durch Ratsdiener. Bei Gewichtsbetrug konnte es bis zum Entzug der Backgenehmigung kommen.

Die Schneider gründeten ihre Innung schon vor 1334 gemeinsam mit den Tuchhändlern, die sich aber im 16. Jahrhundert von ihnen trennten. Ihre Handwerksordnung war angetan, ausschweifende Gesellen zu einer würdigen Lebensweise zu veranlassen.

Im Handwerk der Schuhmacher gab es im 15. Jahrhundert eine Zweiteilung. Die Neuschuster durften neues Schuhwerk anfertigen, während den Alt-Rüssen nur das Neubesohlen getragener Schuhe erlaubt war. Das Innungsjahr ist mit 1496 angegeben.

Gegen Ende des 15. Jahrhunderts kamen Töpfer in die Stadt. Den Rohstoff Ton gewannen sie aus dem Boden der schloßeigenen Felder. Die Gründung der Innung weist 1538 auf.

An weiteren Handwerkern waren am Orte vertreten: Böttcher, Gerber, Kürschner, Schlosser, Schmiede und Zinngießer.

Von 1498 bis 1500 entstand am Markt das Gewandhaus, ein imposanter Mehrzweckbau mit einem hochragenden, kunstreich gestalteten Giebel in gotischer Architektur. Am Markttag legten die Handwerker im Obergeschoß ihre Erzeugnisse aus; im Untergeschoß waren die Fleischer mit ihren Bänken vertreten. Stände der Kürschner und Schuster kamen im 17. Jahrhundert dazu. Bei Tanzveranstaltungen hatte der Stadtknecht auf geziemtes Verhalten der Tanzenden zu achten. Die städtische Feuerwehrspritze sowie vier Geschütze zur Stadtverteidigung waren ebenfalls in den Lauben untergebracht, auch die erste Verkaufsstelle für Freibankfleisch. Dieses Gewand-, Zeug-, Kauf- und Tanzhaus stand bis 1826.

Das vielgestaltige Wirtschaftsleben der Stadt wurde wesentlich durch die Saigerhütte mitbestimmt, die der aus Augsburg gekommene Th. Ullrich Schütz 1470 gemeinsam mit seinem Schwiegervater Nickel Thyle gründete. Ihren Platz hatte sie vor der Pforte und bereitete das aus den erzgebirgischen Bergwerken herangefahrene Kupfererz auf. Ab 1477 dröhnten im Süden und Norden sowie unterhalb vom Kaßberg Saigerhütten und Kupferhämmer. Außer der Familie Schütz spielte der Name Neefe für die Stadt Chemnitz und ihre Entwicklung eine betonte Rolle, wofür auch die 1863 erfolgte Benennung einer Straße spricht. Auf dem Gebiete des Handels war Paul Neefe führend. 1507 als Sohn eines Tuchmachers geboren, wird er mit 22 Jahren schon als Kaufmann im Steuerregister notiert. Er handelte mit Metallwaren und war Ferngroßhändler mit polnischem Vieh. Hohe Einnahmen erzielte er als Grossist mit Zwickauer Tuch, das in Breslau und Österreich Abnehmer fand. Letztlich mehrte sein Vermögen die Beteiligung am Silberbergbau zu Annaberg, Geyer und Joachimsthal. Sein Begräbnis ist mit dem 17. Oktober 1566 datiert.

Das Bild der Stadt mit ihren schaffenden und handelnden Bürgern vervollständigten zehn Mühlen, die am Chemnitzufer standen und vom Wasser der Mühlgräben betätigt wurden. Dazu zählten: Chemnitzer Mühle vorm Nicolaitor, Klostermühle, Neumühle, Tuchmacher-Walkmühle, Weißgerber- und Ledermühle sowie eine Schleif- und Papiermühle.

Handel, Gewerbe und Handwerk haben wesentlichen Anteil daran, daß Chemnitz bereits im 14. Jahrhundert als bedeutende Stadt galt. Mit Beginn des 19. Jahrhunderts war Chemnitz erste Fabrik- und zweite Handelsstadt Sachsens.

Landesbleiche am Chemnitzfluß

Hauptmarkt

Neumarkt

Gewandhaus

Rat- und Stadthäuser, Geschäfte

Der 64 m Hohe Turm am Alten Rathaus war vermutlich ein Wachtturm als Teil der Stadtbefestigung. In dem 23 m hohen Turmaufsatz wohnte der Türmer. Die Mittags- und Abendzeit gab er durch Blasen auf dem Horn kund, die Stunden durch Anschlagen der Glocke. Am 26. September 1986 konnte der Nachbau des durch Bomben zerstörten Turmaufsatzes montiert werden.

Der alte Rathausturm wurde 1586 mit 42 m Höhe errichtet und Saigerturm genannt. Vorerst war eine Sonnenuhr angebracht, später die erste Stadtuhr. An den am Rathaus befestigten Halseisen wurden lästermäulige Weiber und ungehorsame Männer zur Schau gestellt. Auch soll sich im Winkel vom Kirchturm und Rathaus ein Pranger für Diebe befunden haben. Auf das Gemäuer des Rathausturmes hatte man das kurfürstliche und das Stadtwappen sowie den Kopf des heiligen Jacobus gemalt. Die Bewohner hielten jedoch das Abbild dieses Heiligen für das des Bürgers Grütznickel. Der alte Mann handelte mit Grütze. Wegen seines sonderbaren Verhaltens spottete man ihn aus.

In den Rathausturm war vor dem Zweiten Weltkrieg ein mechanisches Kunstuhren- und Glockenspiel mit 134 Pfeifen, 6 Registern und 25 Bronzeglocken eingebaut worden. Den Erzgebirgs- und Volksliedern hörte jeder gern zu. Durch Luftangriffe beschädigt, wurde das Spielwerk demontiert.

1496 bis 1498 erfolgte der Bau eines steinernen Rathauses. Im ersten Stockwerk befanden sich Gerichts- und Herrenstube, im Speicher das Notgetreide. Im Erdgeschoß waren Kramläden, die Ratswaage und eine Brotbäckerei untergebracht. Im Keller lagerte der Wein des Rates. Am 5. Januar 1617 brannte das Rathaus nieder, nur der Turm blieb verschont. 1618/19 kam der Neubau im spätgotischen Stil zur Ausführung. Die Lauben dienten für Verkauf und Ausstellungen.

Für die Jahre 1466 bis 1557 wird das „freye gemcine haus an der stadtmauer" (Frauenhaus) und ein weiteres in der Lohgasse erwähnt. Beide Häuser unterstanden dem Rat.

Das Wachstum der Stadt in allen Wirkbereichen bedingte, 1907 bis 1911 das Neue Rathaus am Haupt- und Neumarkt zu errichten, das am 2. September 1911 im Beisein Sr. Majestät König Friedrich August III. eingeweiht wurde. Die Architektur läßt keinen bestimmten Baustil erkennen, ist jedoch geprägt von der mit Jugendstil durchsetzter deutscher Renaissance. Im reinen Jugendstil zeigt sich die Innengestaltung. Der Turm des Neuen Rathauses ist bis in 40 m Höhe mit Sandsteinquadern verkleidet. Vier Ecktürmchen verfehlen ihre architektonische Absicht nicht. Die Helmbekrönung des insgesamt 60 m hohen Turmes weist Kupfer auf und hat Edelrost angesetzt. Aus dem Obergeschoß erklingt seit 1978 ein handbetriebenes Glockenspiel mit vertrauten Melodien. An der Gebäudeecke des Rathauses befindet sich die 4,75 m große, steinerne Rolandfigur. Rolande sind im 12. und 13. Jahrhundert als Bildsäulen von Fürsten aufgekommen. Eine kräftige Männergestalt verkörpert das Sinnbild für Freiheit, Selbständigkeit sowie Hüter und Macht der Größe einer Stadt.

In der Herrenstraße war die Ratsfronfeste, in welcher 1858 ein Leihamt eingerichtet wurde und 1862 hinter der alten Feuerwehrwache am Markt Räume erhielt. Am 20. April 1906 bezog diese Leihanstalt das dreigeschossige Gebäude auf dem Gelände der früheren Posthalterei in der Aue 16. Seit 1953 lastet das Stadtarchiv dieses Gebäude aus.

Für 1539 wird in Chemnitz die erste Apotheke erwähnt, 1594 die Adlerapotheke. Der erste Apotheker am Ort war Rochus Wildeck. Seit 1673 befand sich die Adlerapotheke am Markt. Das große Eckhaus des reichen Bürgers Ullrich Schütz d. Ä. hob sich durch seinen verzierten Erker hervor. Bis 1813 war diese Apotheke die einzige in der Stadt. Als Seltenheit besaß sie einen Mörser von 57 kg Gewicht. 1889 mußte dieses Patrizierhaus einem Neubau weichen, in welchem die Adlerapotheke ihre Tradition fortsetzen konnte, wovon seit 1945 nichts verblieb.

O. May's Buch- und Kunsthandlung existierte in der Chemnitzer Straße und geht mit ihrem Gründungsjahr 1693 als die älteste ihrer Art in die Geschichte der Stadt ein. Der Buchhändler May erwarb das Geschäft 1857. Selbst nach Besitzerwechsel blieb der Firmenname unverändert.

Das Geschäft Otto H. Kratzsch kann auf die Gründung der ersten Drogerie und Farbenhandlung beim Johannistor am 1. November 1837 zurückblicken. 1853 erhielt sie ihren Standort in einem älteren Haus am Markt, das 1870 abgerissen wurde. Im Neubau eröffnete Otto H. Kratzsch am 15. Februar 1873 ein Drogengewölbe. Um die Jahrhundertwende kam der Handel mit Photoapparaten dazu; nach dem Ersten Weltkrieg ein Photolabor. Die Aufnahme zeigt die Herren Karl und Rudolf Kratzsch mit einem weiteren Kaufmann im Jahre 1905. Haus und Geschäft wurden Ziel der Luftangriffe. Die Firma verfügt heute über ihr bekanntes Geschäft an der Marktfront des Neuen Rathauses.

Seit 1882 hatten die Handwerker ein eigenes Vereinshaus, das ehemalige Schwurgerichtsgebäude in der Herrengasse. Am 27. August 1901 weihte man das Kaufmännische Vereinshaus in der Moritzstraße ein. Es war ein wuchtiger, in seiner Gliederung gut durchdachter Bau. Der mit einer Orgel ausgestattete Festsaal bot 2000 Personen Platz. Musikalische Veranstaltungen und Filmvorführungen wechselten mit Wettkämpfen der Ringer von Weltklasse und sonstigen Darbietungen.

Das Warenhaus Hermann Lesser stand am Johannisplatz an der Stelle, wo die Johannisstraße einmündete. Dem Betrachter bot sich ein erker- und giebelgeschmückter Prachtbau von feingegliederter Architektur. 1904 bis 1912 nutzten das Gebäude die Großkaufleute H. u. C. Tietz als Warenhaus. 1913 eröffnete diese Handelsfirma ihren Warenhaus-Neubau in der Poststraße, einen Geschäfts-Monumentalbau, der zweifelsohne zur Bereicherung des architektonischen Stadtbildes beitrug und heute noch beiträgt. Besonderen Zuspruch fand die „Weiße Woche", ausgestaltet in meisterhafter Dekoration, die im Lichthof ihren Glanzpunkt erreichte. Spreng- und Brandbomben ließen von diesem wertvollen Bau nur ein leeres Gehäuse übrig. Wiederausbau und Modernisierung sprechen für ein großstädtisches Kaufhaus, dem jetzigen KAUFhOF.

Das letzte Bild zu diesem Abschnitt zeigt die Brückenstraße mit Blick auf die ehemalige Ortskrankenkasse, linksseitig steht Kaufhaus Schocken. Das vorletzte Gebäude rechts war das am 1. April 1914 eröffnete Städtische Speisehaus. In drei Preisgruppen unterteilt, konnte man im Speisesaal der 1., 2. oder 3. Klasse preisgünstiges Essen einnehmen. Bis gegen 1930 gab es für Männer und Frauen getrennte Räumlichkeit.

37

10 Uhr: Der Jäger

Chemnitz

Glocken- u. Kunstuhrenspiel im alten Rathausturm am Markt.

12 Uhr: Die Erzgebirgsmaid

18 Uhr: Der Erzgebirgs-Bergm

22 Uhr: Der Nachtwächter

38

Altes Rathaus

Händler in „Lauben"

Neues Rathaus

ANNO DOMINI 1910

„Roland" am Neuen Rathaus

Adlerapotheke

Wohnhaus Ullrich Schütz d. Ä.

Aufnahme aus dem Jahre 1905

Kaufmännisches Vereinshaus

Warenhaus Hermann Lesser

Warenhaus H. u. C. Tietz

Speisehaus, Ortskrankenkasse.

47

Dr. Georgius Agricola

Am 24. März 1494 erblickte Agricola in Glauchau das Licht der Welt. Von 1514 bis 1518 studierte er in Leipzig und betätigte sich in jungen Jahren als Lehrer und Rektor an der Lateinschule in Zwickau. Vorerst Stadtarzt in Joachimsthal, siedelte er jedoch 1531 nach Kempnicz über, wo seine Berufung zum Stadtphysikus, zum Stadtleibarzt, einem Amt von hohem Range, erfolgte. Über die 1534, 1535 und 1537 in der Stadt herrschende Pest verfaßte Agricola drei Bücher, die als einzige medizinische Werke von ihm erhalten geblieben sind. Seine umfangreichen Kenntnisse auf dem Gebiet der Montanwissenschaft legte er in mehreren Büchern nieder. 1550 beendete er sein Hauptwerk, das mit über 300 Holzschnitten ausgestattete Bergwerksbuch „De re metallica". Als Hofhistoriograph von Herzog Georg erarbeitete er die Stammtafeln der sächsischen Fürsten. In religiöser Hinsicht gehörte Agricola zu den milden Katholiken. Erst am 6. Mai 1546 erhielt er das Bürgerrecht, wurde Ratsherr und zugleich Bürgermeister; letzteres auf Befehl des Landesfürsten. Das Amt als Bürgermeister hatte er auch 1547, 1551 und 1553 inne. Finanziell war Agricola an den Silbergruben des Erzgebirges beteiligt. Außerdem besaß seine zweite Frau ein ansehnliches Vermögen, womit er zu den reichsten Leuten der Stadt zählte.

Am 21. November 1555 ging das Leben Agricolas, eines vielseitig Gelehrten höchsten Ranges, zu Ende. Der Rat der Stadt und der Superintendent Tettelbach verweigerten dem Katholiken Agricola die Bestattung in Kempnicz. Letztlich gewährte der Naumburger Bischof Julius Pflug die Beisetzung im Dom zu Zeitz.

Die am 24. März 1991 am Alten Rathaus in Chemnitz enthüllte Gedenktafel erinnert an die Jahre, in denen für das Schicksal der Stadt der geniale Bürgermeister Dr. Georgius Agricola verantwortlich zeichnete.

Bürgerhäuser und Bürger vergangener Zeiten

Das Wohnhaus von Dr. Agricola soll im Kirchgässel und somit hinter der Agricola-Buchhandlung gestanden haben und wurde im Dreißigjährigen Krieg zerstört.

Die alten Häuser Hauptmarkt Nr. 19, 20 und 21 kamen bei einem Stadtbrand um. Der Handelsherr Johannes Christian Siegert erwarb 1734 die Ruine des Hauses Nr. 21, sein Bruder Johannes Friedrich 1737 diese vom Haus Nr. 20 (ehemals „Güldener Bock"). Von den errichteten drei Wohn- und Geschäftshäusern hob sich das mittlere, erbaut 1736 bis 1741, wirksam hervor, ein spätbarocker Stil, form- und prachtvoll. Als Folge der Bombenangriffe verblieb von diesen drei Gebäuden nur die Fassade des Hauses Markt Nr. 20. Bauliche Untersuchungen stellten den plastischen Fassadenschmuck als historisch und künstlerisch äußerst wertvoll heraus, was die Rekonstruktion dieses bedeutendsten und einzigartigsten Kulturdenkmals der Stadt veranlaßte. Mit dem Wiederausbau des Gebäudes richtete man im ersten Stock das „Cafè am Markt" ein.

Begüterte Bürger legten Wert auf besondere Ausführung ihres Hausportals. Eines hiervon befand sich Innere Klosterstraße 13, das am 20. Februar 1868 abbrannte. Es war das im italienischen Renaissancestil gehaltene „Gute-Hirten-Portal". Der Ornamentenschmuck stellt ein Rankenwerk dar, das mit Vogelgestalten, Delphinen und Putten durchsetzt ist. Den Pfeiler rechts schmückt die Figur Christi, als „Guter Hirte" mit dem Lamm auf der Schulter. Der geflügelte Stier darüber ist das Symbol des Evangelisten Lukas, der das Gleichnis vom guten Hirten erzählt. Das Schriftband zeigt die Jahreszahl 1522.

Im Zinsregister und im Nekrologium des Klosters sind um 1300 hiesige Bürger genannt, die alle deutsche Namen haben. Damalige Zu- und Rufnamen sind heute noch üblich. Der erste namentlich 1296 beurkundete Kempniczer Bürger hieß Gotcfriedus circa murum (Gottfried an/bei der Mauer). Einige Namen der bürgerlichen Oberschicht aus dem 15. Jahrhundert waren: Peter Arnold, Konrad Goldner, Nicolaus Ortwin, Johann von Pegau, Walter von Schönau, Nickel Schultheiß. Allerdings finden sich unterschiedliche Schreibweisen vor, so Neefe als Neef, Neeffe oder auch Neave. Im Geschoßbuch von 1526 wird ein Valten Tile genannt, 1531 als Valten Thill. Er war Bader und „hinter der Bach, Südseite von der Mauer links Nr. 39" ansässig. Bei verheirateten Frauen hängte man an den Familiennamen ein „in" oder „yn" an. So wohnte 1466 im Haus Nr. 42 ein Andres Ziger, 1487 „die Andres Zigerin".1474 bezeugt der Rat an Einwohnern: „In der stat gebe es besessener lüte, reich und arm, in cleyn unde großen hüssern dreyhundert unde newn unde czwencig; unde vor

Siegert'sches Haus

der stat hundert undeczwey unde dreissig." Erfaßt wurden nur die Hauseigentümer. 1506 zählte die Stadt fast 2500, zur Amtszeit Agricolas etwa 4000 Einwohner.
Verheerende Brände brachten Not und Elend, so 1333, 1389 und 1395. Im Sommer 1631 vernichtete ein Groß-brand 300 Häuser und fast die gesamte Ernte, am 31. April 1634 mehrere Häuser in der Bachgasse, Langegasse, am Markt und Holzmarkt.
1430 hausten in der Stadt die Hussiten. 1547 beschossen kaiserliche Truppen Kempnicz. Am 24. Juni 1630 schlugen schwedische Truppen ihr Lager hier auf, und im September 1632 ließ General Holck die Stadt beschießen. 1762 verlebten 200 Kaufleute und Bürger Weihnachten in Haft. 1813 war die Stadt Hauptquartier preußischer Soldaten.
Aber auch die Pest nahm ihren Anteil und raffte von 1611 bis 1614 fast 1800 Bewohner hin. 1771/72 sind als Hungerjahre in die Geschichte eingegangen, etwa 2000 Bürger starben.
Die Stadtbewohner hatten aber noch ein anderes Erlebnis: In der Bretgasse, die gegenüber vom Rathaus in den Markt einmündet, wohnte einst der Advokat Seidelmann, der manchen armen Bürger um seinen geringen Besitz brachte, weshalb ihn alle Betrogenen bei seinem Tode verfluchten. Dies sollte sich bald erfüllen. Den Sarg aus dem Hause tragend, vernahmen die Träger eine spottende Stimme, die aus dem Fenster kam. Dort guckte der Verstorbene in Schlafrock und Zipfelmütze grinsend heraus. Erschrocken ließen die Träger den Sarg fallen, wobei sich der Deckel öffnete und den Blick auf den Toten freigab. Nach dem Begräbnis Seidelmanns fand sein Geist jedoch keine Ruhe. Gingen Bürger nachts durch die Bretgasse, so erschien er ihnen grinsend am Fenster, bis man es vermauerte. Dafür polterte es aber nachts im Hause. Schließlich befahl der Pfarrer dem Geist, Haus und Stadt zu verlassen. An der Nicolaibrücke soll der böse Seidelmann Bürger erschreckt und in den Fluß gezogen haben. Dann begab er sich in die Seidelmannhöhle bei Glösa und trieb sein Unwesen mit dortigen Spaziergängern.

Älteste Gasthöfe und Gasthäuser

Die wirtschaftliche Entwicklung von Chemnitz stellte auch beachtliche Anforderungen an Bewirtung und Beherbergung durchreisender Händler sowie am Ort tätiger Handwerker. Außerdem wird manchem damaligen Bürger das Gasthaus eine der wenigen Abwechslungen vom Alltag geboten haben.

Gasthof/Gasthaus	gegründet	Standort
Goldner Anker	15./16. Jh.	Anfang Dresdner Straße
Güldener Bock	vor 1628	Markt Nr. 20
Weißer Bock	vor 1628	Langegasse
Goldene Eule	vor 1628	Markt, Südseite
Weißes Roß	vor 1628	Langegasse
Schwarzer Bär	1628/29	Innere Klosterstraße 20
Laterne	vor 1632	Stollberger Straße
Zum Ritter St. Georg	1636	Langegasse
Drey Schwanen	1673	Langegasse
Goldener Stern	1674	Hartmannstraße 3
Roter Hirsch	um 1680	Langegasse
Goldene Sonne	1712/13	Dresdner Straße
Grüne Linde	1728	Große Lindenstraße
Blauer Engel	1799	Markt, Südseite
Hotel de Sachse	1805	Holzmarkt
Römischer Kaiser	1815	Markt, Südseite
Reitbahn	1837	Moritzstraße 19
Linde	1840	Theaterplatz 1

Im „Goldner Anker" soll Richard Wagner auf seiner Flucht von Dresden kurzweilig Gast gewesen sein.
Der Schwarze Bär (seit 1850 Stadt Wien) diente im 18. und 19. Jahrhundert Gesellen mehrerer Gewerke als Herberge; 1913 abgebrochen, 1914 neu erbaut und am 5. März 1945 zerstört.
„Drey Schwanen" war über 200 Jahre Mittelpunkt des

hiesigen Handelswesens. 1744 kam der Pfalzgraf von Zweibrücken als Gast.

„Roter Hirsch" wurde 1890 abgebrochen.

Im Konzert- und Ballhaus Zweiniger, Jakobstraße, tanzte jung und alt schon um 1900. Seit der Rekonstruktion des Sonnenberges lagerten im Tanzsaal Baumaterialien. Nunmehr ist das Millionenobjekt durch Brand völlig vernichtet worden.

Goldner Anker

Roter Hirsch

Reitbahn

ZWEINIGER's Konzert & Ball-Etablissement CHEMNITZ
FERNSPRECHER 1807. JACOB-STRASSE 8/12.
Grösstes und sehenswertestes Ball-Lokal des Ostviertels, Schöner Garten, Kolonnaden
Kegelbahn, mehrere Vereinszimmer, sowie 2 kleinere Säle zur Abhaltung von Familien Festlichkeite

Älteste Kirchen im Stadtgebiet

Unter Leitung der beiden letzten Äbte entstand 1484 bis 1525 auf den Grundmauern der romanischen Klosterkirche St. Marien eine dreischiffige Hallenkirche. Für den massiven Teil ließ Abt Heinrich von den Mönchen Porphyr aus den Steinbrüchen des Zeisigwaldes herbefördern. Auf das Kirchendach setzten sie 1527 einen kleinen Turm und legten eine Büchse mit Reliquien in den Knauf. 1864 bis 1875 erfolgte eine umfassende Erneuerung des Sakralbaues mit seinen 1300 Sitzplätzen. 1895 bis 1897 wurde der in Kupfer gedeckte Mittelturm bis auf 86,5 m Höhe geführt. Damit war er der höchste Kirchturm von Chemnitz. Die Schloßkirche bietet sich dem Betrachter als ein kunstgeschichtliches Zeugnis spätgotischen Baustils. Seit der Demontage 1949 beschließt den nur noch etwa 50 m hohen Turm ein in Kupfer gedeckter Keil. Der ehemals erhebende Gesamteindruck dieses Bauwerks konnte damit allerdings nicht wieder erreicht werden.

Das über 11 m hohe Nordportal hat Hans Witten 1504/05 begonnen und Franz Maidburg vollendet. Aus in Stein nachgeahmten geschälten Baumstämmen bestehend, zeigt es zuunterst das Stifterehepaar Lothar und seine Gemahlin Richenza sowie zwei Äbte, darüber Maria mit dem Kinde, ihr zur Seite Johannes der Täufer und Johannes der Evangelist. Dann folgen Statuen Ordensheiliger, darüber Gottvater mit dem Gekreuzigten. Dieses wertvolle Portal vor weiteren Witterungseinflüssen zu bewahren, hat es 1973 bei Renovierungsarbeiten Einordnen ins Kircheninnere erfahren.

Ein kunstgeschichtlich und bildkünstlerisch gelungenes Schaffen bedeutet die in der Schloßkirche aufgestellte Geißelsäule. Aus einem 3,60 m langen Baumstamm schuf der 1501/02 nach hier gekommene Bildhauer Hans Witten dieses vollplastische, farbige Schnitzwerk. Man sieht die lebensgroße Figur Christi an einen Baum gebunden, ihm zur Seite die auf ihn mit einer Geißel einschlagenden Folterknechte. Am Baum kauert ein Scherge, die Dornen-krone flechtend. Auf der Rückseite der Säule wird verdeutlicht, wie ein Büttel an einem Strick zerrt, der dem Gefesselten um die Brust gebunden worden ist. Nach Auflösung des Klosters verstaubte die Säule fast 300 Jahre in einem Nebengelaß der Kirche. Nunmehr bildet dieses Werk das Schmuckstück des Altarraumes im prachtvoll erneuerten Gotteshaus, in welchem sich auch ein altes Taufbecken befindet.

Wie die Sage erzählt, habe Kaiser Otto der Große im Jahre 938 da, wo die Jacobikirche steht, eine Kapelle errichten lassen und in den Grundstein eine Münze mit dem Bild des heiligen Jacobus gelegt. In der Kapelle war ein Marienbild aufgestellt, dem man wundertätiges Wirken zusprach. Dadurch bekam dieses Kirchlein großen Zulauf hilfesuchender Christen. Kurz vor 1143 wurde an der Stelle der Kapelle die Stadt- oder Marktkirche als romanische Saalkirche gebaut. Einer anderen Sage ist zu entnehmen, daß der Bauplatz moorig gewesen sei. Das Bauvorhaben erforderte deshalb, starke Pfähle in den Boden zu rammen. Dem Baumeister müssen aber hinsichtlich der Standfestigkeit des Gebäudes vermutlich Zweifel aufgekommen sein. Nach Vollendung des Baues soll er sich von oben herabgestürzt und somit diesen mit seinem Blut versiegelt haben. Zwischen 1350 und 1365 erfolgte der Neubau als dreischiffige Hallenkirche mit hochgotischem Kreuzgewölbe. Durch Stadtbrände 1389 und 1395 teils stark zerstört, wurde sie neu errichtet, diesmal im spätgotischen Stil mit dreischiffigem Langhaus. Beim Brand am 5. November 1677 stürzte der Turm ein, ein neuer kam 1878 bis auf 60 m Höhe zur Ausführung. 1877 bis 1880 machte sich eine gründliche Erneuerung der Kirche notwendig. Der Westgiebel erhielt 1911/12 die heutige Gestalt mit Skulpturen der Apostel Jacobus, Johannes, Paulus und Petrus.

Im Inneren verfügt der Sakralbau über das zwischen 1480 und 1485 geschaffene Heilige Grab und besaß den um 1504 geweihten, 1792 abgebrochenen Hochaltar. Aus der

Kreuzigungsgruppe im Aufsatz des Hochaltars stammt die von Hans Witten 1504 geschnitzte Schmerzensmutter, eine spätgotische Plastik.

In der Gruft der Kirche wurden beigesetzt: Abt Hilarius von Rehburg; Superintendent Fues; geistliche und Ratspersonen sowie im Dreißigjährigen Krieg und nach dem Siebenjährigen Krieg hier verstorbene Offiziere. Seit 1879 ist die Gruft zugemauert.

Im Zweiten Weltkrieg brannte das Kirchenschiff aus, und das Dach stürzte stellenweise ein. Eine Wand trennt nunmehr den erhaltenen Chor von der Ruine des Kirchenschiffes, um dessen Wiederherstellung Bemühen sichtbar ist.

Gegen Ende des 13. Jahrhunderts schon wird ein Vorstadtkirchlein erwähnt, das vermutlich 1254 bis 1264 erbaut, dem Apostel „Johannes der Täufer" gewidmet war und ab 1264 dem Patronat des Benediktinerklosters unterstand. Das aus Holz gezimmerte Gebäude setzten die Hussiten 1430 in Brand. Mit der Einführung der Reformation (1539) kamen die Dörfer Bernsdorf und Gablenz zur Johannisgemeinde. 1566 konnte man endlich eine steinerne Kirche bauen. Die größere der beiden Glocken war mit der Inschrift versehen: „A. dni MCCCCLXXV zur ehre Gottes und sct. Johis ist diese Glocke gegossen." 1866/67 erhielt diese Kirche ihre heutige Gestalt und 1880/81 am westlichen Giebel einen spätgotischen 44 m hohen Turm. Um- und Neubauten verliehen diesem Gotteshaus 1913 einen anderen Turmaufsatz, der die Luftangriffe nicht überstand. Den Abschluß des nunmehr nur noch 23 m hohen Turmes formt eine quadratische Pyramide.

Hinsichtlich der Pfarrkirche zu St. Nicolai wird angenommen, daß sie zwischen 1264 und 1333 auf Klostergrund erbaut wurde. In ihrer anfänglichen Gestalt läßt sie romanische Stilelemente erkennen und ist wahrscheinlich der älteste Kirchenbau außerhalb des Stadtringes gewesen. Ihren Namen gab man ihr nach dem heiligen Nicolaus, dem Schutzheiligen der Kaufleute. 1430 von Hussiten in Brand gesteckt und 1486 wieder hergestellt, vernichtete ein Feuer 1632 abermals das Kirchlein. Ein weiterer Neubau stand bis 1885. Der letzte, hochstrebende Sakralbau fand am 7. März 1888 seine Weihe. Den äußeren Schmuck des gotischen Baues gestalteten über dem Portal die Statuen von Christus und vier Evangelisten. 1945 fanden die Einwohner auch hiervon nur noch eine Trümmerstätte vor.

Auf dem Gebiet des ehemaligen Franziskanerklosters wurde 1750 bis 1756 die „Neue Johanniskirche" gebaut und am Reformationstag 1756 eingeweiht. Von 1813 bis 1815 diente sie als Lazarett. 1876 in „St. Paulikirche" umbenannt, erhielt sie 1887/88 einen 61,2 m hohen Glockenturm. Architektonisch erweckte sie keinen herausragenden Sakralbau, verfügte jedoch über eine gelungene Akustik im barocken Innenraum mit 1800 Sitzplätzen. Vielseitiges Bemühen, die durch Kriegseinwirkung entstandenen Zerstörungen bauseitig zu beheben, blieben erfolglos, weshalb die St. Paulikirche im April 1961 gesprengt wurde.

Schloßkirche 1920

Nordportal der Schloßkirche

Geißelsäule

Taufbecken

59

Jacobikirche 1912

Schmerzensmutter

Heiliges Grab

61

Johanniskirche 1913.

CHEMNITZ. Johanniskirche

Pfarrkirche St. Nicolai um 1300

Neue Johanniskirche um 1760

St. Nicolaikirche 1900

St. Paulikirche 1890

Alte Friedhöfe

Um die Marktkirche herum ist vermutlich kurz nach deren Weihe ein Friedhof angelegt worden. Jedoch bestattete man bereits vor der Reformation in der Stadt Verstorbene auf dem Johannisfriedhof. Dieser wird erstmals 1339 urkundlich verzeichnet, dann ab 1484. Am Friedhofseingang hatte man 1614 einen Pranger aufgestellt. Für Selbstmörder, Hingerichtete und im Banne der Kirche Abgeschiedene war an der Westseite der Begräbnisstätte ein eigenes Gelände abgegrenzt. Sie wurden „sine luce et sine cruce" begraben. Von den an Pest Verstorbenen konnte nicht für jeden ein Grab angelegt werden, so brachte man 1534 auf dem Pestacker 842 Personen in 12 Gruben ein. In Nähe der Johanniskirche ließen sich wohlhabende Bürger Stellen für Erbbegräbnisse mit kunstvollen Namenstafeln und biblischen Figuren herrichten. Der Nachwelt sind hiervon nur Einzelstücke erhalten geblieben.

Unweit der Kirche kommt man zum Beckergrab mit der Inschrift: „Christian Gottfried Becker, geb. 2. September 1771, gestorben 23. Oktober 1820. Schöne Tathen wehen auf das stille Grab, wo wir untergehen Himmelsduft herab." Einige Schritte südwärts steht der Weigand-Gedenkstein. Auf seiner Vorderseite ist zu lesen: „Johann Ambrosius Weigand, geb. 21. August 1799, gestorben 16. Mai 1868." Der Zweizeiler auf der Rückseite lautet: „Des Volkes Kraft zu stählen war seiner Taten Ziel." Darunter sind die von Turnvater Jahn her bekannten vier F angeordnet. Weigand kam 1820 als Schuhmachergeselle nach Chemnitz, eröffnete eine Tanzschule und erteilte Gymnastik und Turnunterricht. Hieraus bildete sich die erste freiwillige Feuerwehr von Chemnitz.

Die neun Gräber aus dem Deutsch-Französischen Krieg 1870/71 werden als Franzosengräber bezeichnet, jedoch erinnert nur noch ein Grab hieran. Die Tafelinschrift besagt: „André Grangeon, Soldat 3. Komp. 18. Franz. Inf.-Regiment, geb. 1843 zu Thelis La Combe, Loire, gest. 4. Oktober 1870 Laz. Chemnitz. Er kämpfte für sein Vaterland." In acht Gräbern liegen Deutsche im Alter von 22 bis 29 Jahren. Der Johannisfriedhof schloß 1884 seine Pforte.

Den Buchautor berührt heute noch folgende Begebenheit: Es dürfte 1932 gewesen sein, als eines Tages die fast 100 Jahre lang benutzte Leichenhalle des Johannisfriedhofes im Inneren ausgeweißt wurde, und am nächsten Morgen in dieser eine Kindergärtnerin mit ihrer Gruppe eine Tagesstätte einrichtete.

Becker-Grab

Weigand-Stein

Franzosengrab

Strafverfahren in älterer Zeit

Mit der Gründung der Stadt hat wahrscheinlich der landesherrliche Stadtvogt seinen Sitz im Roten Turm bezogen. Ihm oblag die Gerichtsbarkeit über Bürger und Verwaltung sowie Aufsicht und Schutz über die böhmischen Fernstraßen. 1331 wird ein stadtvoit vom Landesherrn bestätigt. Seinen Amtssitz hatte er später in der Gerichtsstube des Alten Rathauses. Ihm waren Büttel zugeteilt, die für die Bewachung Gefangener Sitzegeld bekamen. 1563 versah die Stadt den Anbau des Roten Turmes mit der Büttelei und 19 Gefängniszellen. 1928/29 wurde die 1852 in der Herrenstraße gebaute Bezirks-Gefangenen-Anstalt abgebrochen.

Den Frieden im Mauerring wahrte in älterer Zeit der Rat durch Strafandrohungen, vor allem für Frevel und Untaten, „so im weynkeller, radthawse oder uff der bleyche geschehen".

Zu den milden Strafen gehörte die Landesverweisung und damit der Entzug des Stadtfriedensschutzes. Wer in einer Gaststätte eine strafbare Handlung beging, konnte mit Wirtshausverbot bis zu vier Jahren rechnen. Gefängnisstrafen wurden mit Fronfeste geahndet. Hier bekamen die Gefangenen Ketten oder Fesseln angelegt und wurden mittels Winden oder Daumstöcken gesprächig gemacht. Verstöße gegen die Sittlichkeit waren häufig, so vor allem außereheliche Schwängerung. Hierauf gab es empfindliche Geldstrafen, ebenso für Ehebruch, zu denen auch der Besuch des Frauenhauses zählte. Bei Verletzung der Religion, Gotteslästerung, Wahrsagen und Zauberei, selbst bei Fleischgenuß an Feiertagen, sah das Gericht Geldbußen vor. Diebstahl von der Bleiche endete grundsätzlich mit dem Strang. Als mildeste Todesstrafe galt Köpfen mit dem Schwert, was 1561 wegen Kindstötung zur Vollstreckung gelangte. 1533 wurde ein Raubmörder geköpft und dann aufs Rad gebunden. Eine Kindesmörderin steckte man zusammen mit Hund, Hahn und Katze in einen Sack und ertränkte sie. 1538 fand ein Holzdieb am Galgen sein Ende. Die Femestätte soll der Zeisigwald gewesen sein.

Arten des Folterns

Anfänge des Schulwesens

Vorerst hat es in der Stadt zwei Schulen gegeben: die Kloster- und die Stadtschule. Beide bildeten nur Knaben in Lesen, Schreiben und Religion aus. Die Stadtschule, auch Latein- oder Knabenschule genannt, wurde 1486 am Jacobikirchplatz erbaut und war zuständig für die innere Stadt. Mit Ausgang des 15. Jahrhunderts ergab sich auch für das Schulwesen in Kempnicz eine zielstrebige Bewegung. Besondere Verdienste sind dem ersten Rektor der Lateinschule, Paulus Niavis, zuzuschreiben. Er leitete die Schule von 1485 bis 1487 und schrieb für die Knaben und Jünglinge ein Konversationsbuch in lateinischer Sprache. Auch Mönche nutzten dieses für ihre Sprachstudien. In den Oberklassen standen die Fächer Latein, Griechisch, Religion, Gesang, Lesen und Schreiben auf dem Plan.

Im Jahre 1598 erhielt die Stadtschule durch Erweiterungsbau zusätzliche Räume. Über dem kunstvollen Portal trägt der Porphyrtuff eine lateinische Inschrift, die besagt: „Zur Förderung wissenschaftlicher Studien und Christo zu Ehren, hat der Rat in treuer Sorge diese Schule im Jahre 1598, im Monat Juni, erweitert und erneuert." Das Portal ist nunmehr an der Westseite des Neuen Rathauses eingefügt. Die erste „Maidleinschule" stand ab 1539 Ecke Webergasse, eine weitere wurde als Vorstadtschule im Ortsteil Johannis errichtet. Stadt- und Maidleinschule sind im Dreißigjährigen Krieg abgebrannt. Zuerst entstand die Lateinschule wieder, fand aber wenig Zuspruch. Aus dieser Sachlage bildeten sich 17 „Winkelschulen" heraus, in denen bis zu 850 Kinder erfaßt waren. Die Vermittlung von Elementarwissen übernahmen Schreiber, Weber und ehemalige Soldaten.

Im September 1818 wurde gegenüber der Johannisschule, deren einziger Raum nicht mehr ausreichte, der Neubau einer Mädchenschule im Kirchweg Nr. 4 (vor der Johanniskirche) eingeweiht. Am 15. August 1831 konnte endlich die Erste Chemnitzer Bürgerschule in der Theaterstraße 9 gegründet werden. In den Räumen der alten Lateinschule eröffnete am 2. Mai 1836 die Königliche Gewerbeschule Chemnitz den Unterrichtsbetrieb.

Viele Eltern verzichteten auf schulmäßige Bildung ihrer Kinder und brachten sie notbedingt in einer Kattundruckerei oder Spinnerei unter. Die Herren Becker und Bernhard richteten in Harthau im Jahre 1800 Fabrikschulen für die bei ihnen beschäftigten Kinder ein. Der Unterricht fand meist abends statt, was für die bereits von der Arbeit ermüdeten Kinder eine unnormale Belastung bedeutete. Aber trotzdem muß diesem Bildungsbestreben Anerkennung zukommen.

Lehrer mit Hilfslehrer
beim Unterricht

Erste Chemnitzer
Bürgerschule 1831

Kattundrucker mit Streichjungen bei der Arbeit, um 1840.

Chemnitzer Denkmale und Kleinode

Ein kaum auffälliges Denkmal war die Büste des Kurfürsten August von Sachsen, bekannt als „Vater August". Die Säule aus rotem Granit trug das plastische Brustbild und die Inschrift: „Dem Churfürsten Vater August die noch heute dankbare Stadt Chemnitz." Dieses Denkmal stand seit dem 27. August 1856 am Hang des Theaterplatzes.

An der Poststraße enthüllte man zu Ehren von Christian Gottfried Becker an seinem 100. Geburtstag das Becker-Denkmal. Becker gründete 1797 in der hiesigen Aue eine

Kattundruckerei. Aus Polen beschaffte er Getreide, ließ Brot backen und verteilte es an Hungernde. Von seinen Einnahmen gab er viel für arme Kinder aus und wurde als Wohltäter geehrt.

Auf dem früheren Theaterplatz erhob sich bis 1945 auf einer 8 m hohen Sandsteinsäule seit dem 2. September 1875 die beflügelte Siegesgöttin. Den Säulenschaft umwand ein Band mit den Ruhmestaten aus dem Deutsch-Französischen Krieg. Erzene Bilder stellten Kaiser Wilhelm I., König Albert sowie Bismarck und Moltke dar. In vier Altären waren die Namen der 47 Gefallenen des hiesigen 106. Regiments verewigt.

Auf dem Markt präsentierten sich drei gußbronzene Statuen mit Postamenten aus rotem Granit. Am 22. Juni 1899 wurden sie im Beisein von König Albert, vier Prinzen und vielem Volk enthüllt. Kaiser Wilhelm I. blickte vom Pferde herab, zur Linken stand Graf Helmut von Moltke. Als Generalfeldmarschall führte er die Feldzüge 1866 gegen Österreich und 1870/71 gegen Frankreich. Rechts vom Kaiser zeigte sich Fürst Otto von Bismarck. 1945 stark beschädigt, wurden die Denkmale im Zuge der Trümmerberäumung beseitigt.

Am ehemaligen Haus Lohstraße 8 beinhaltete eine Tafel: „Hier weilte Theodor Körner am 28. Juni 1813 als Verwundeter auf seiner Flucht nach Karlsbad." Körner, geboren am 23. September 1791, gehörte im Befreiungskrieg der von Lützow organisierten „Freischar der Rache" an. In der Nacht vom 17. zum 18. Juni 1813 wurde er bei einem militärischen Überfall durch Säbelhiebe am Kopf verwundet. Holzarbeiter und ein Jäger fanden den Verletzten in einem Dickicht.

Nach ärztlicher Behandlung flüchtete Körner nach Karlsbad. Auf dem Weg durch Chemnitz fand er Quartier bei Kaufmann Kunzmann im genannten Hause. Ins Kriegsgeschehen zurückgekehrt, traf ihn am 26. August 1813 bei Gadebusch die Kugel eincs französischen Soldaten tödlich.

Becker-Denkmal

*Ehemaliger Theaterplatz
mit Siegessäule*

74

Am 18. Oktober 1901 enthüllte man in Chemnitz das Körner-Denkmal. Von den Luftangriffen verschont, lag es eines Morgens im Jahre 1945 zertrümmert am Boden.

Die versteinerten (verkieselten) Baumstämme am Museum sind vor über 250 Millionen Jahren durch Eruption entstanden. Aschemassen verschütteten im heutigen Gelände von Hilbersdorf und des Sonnenbergs Bäume und Pflanzen des damaligen Urwalds. Freigelegte Fundstücke weisen bis zu 25 m Länge auf.

Das Judith-Lukretia-Portal, ein Kunstwerk der Renaissance, befand sich ehemals am Eingang eines Patrizierhauses am Markt, das der Großkaufmann Paul Neefe errichten ließ. 1815 eröffnete darin der „Römische Kaiser". 1908 fügte man das Portal als Durchgang neben den Saigerturm ein. Seit 1955 schmückt es den Eingang des zu den Trausälen emporführenden Treppenhauses und ist nachträglich mit der Jahreszahl 1559 versehen worden. Im Torbogen gucken die steinernen Halbfiguren Judith und Lukretia. Judiths Vaterstadt bedrohte der assyrische Feldhauptmann Holofernes. Er diente unter König Nebukadnezar II., der 586 Jerusalem zerstörte und die Juden in die babylonische Gefangenschaft trieb. Judith köpfte Holofernes während seines Schlafes und rettete durch diese Tat ihre Vaterstadt. Die Römerin Lukretia begehrte der Römer Sextus Tarquinius. Um ihre eheliche Treue zu bewahren, tötete sie sich durch Dolchstoß. Das Portal ist somit Sinnbild für Heimatliebe und eheliche Treue.

An die Zeit der Postkutschen erinnert eine Postsäule von 1723 an der Leipziger Straße.

Unweit der Trinitatiskirche steht an der Frankenberger Straße 156 ein altes, jedoch gepflegtes Häuschen, mit zwei Kanonenkugeln am Dachgeschoß. Diese Geschosse entstammen den Vorgeschehnissen der Leipziger Völkerschlacht. Am 3. Oktober 1813 marschierten etwa 6000 französische Soldaten von Frankenberg aus auf Chemnitz zu und zogen am 4. Oktober über Hilbersdorf nach Gablenz. Chemnitz war bereits von österreichischen Truppen besetzt. Als Verbündete kamen russische Kosaken und feuerten vom Kapellenberg in die Stadt. Beim Rückzug der Franzosen lag Hilbersdorf mitten im kriegerischen Tumult, wobei es etwa 1200 Tote und Verwundete gab.

Am 15. September 1928 weihte man das erste eigene Haus der Hilfsorganisation „Arbeiter-Samariter-Bund" in der Alexanderstraße 23 auf dem Sonnenberg ein. Anwesend waren etwa 4000 deutsche sowie ausländische Samariter. Der Buchautor, damals noch im Jünglingsalter, nahm ebenfalls teil und erinnert sich deutlich an die vielseitigen und lehrreichen Exponate. 1933 ging das ASB-Haus in fremden Besitz über.

Siegessäule

Denkmale Markt

Lohstraße 8

Körner-Denkmal

Versteinerte Baumstämme

Roemischer Kaiser mit Lukretia-Portal

Lukretia-Portal

An der Leipziger Straße

Kanonenkugel-Häuschen
Frankenberger Straße 156

Arbeiter-Samariter-Haus

Persönlichkeiten in Chemnitz

Kurfürst August von Sachsen
1553-1586

Der Bischof von Meißen besuchte 1468 das Benediktinerkloster und besichtigte dabei die Stadt.

Kurfürst August von Sachsen beteiligte sich am 14. September 1556 auf dem Anger am Festschießen der Schützen.

Albrecht von Wallenstein bezog als kaiserlicher Heerführer im November 1632 in Häusern der Johannis- und Bachgasse Quartier.

Zar Peter der Große weilte am 17. Oktober 1712 auf der Durchreise nach Karlsbad im Amtshause.

Friedrich der Große hielt sich vom 17. bis 19. März 1761 und am 1. Dezember 1762 im Hause des Stadtrichters Packbusch, Markt 8, auf.

Goethe reiste am 28. Sepember 1810 durch die Stadt und besichtigte die mechanische Spinnerei in Harthau.

Fürst von Schwarzenberg und 18 Generale ließen sich am 8. Oktober 1813 im Preußerschen Hause am Markt bewirten.

Der Kaiser von Rußland war am 14. Oktober 1813 bei Familie Krauße am Topfmarkt zu Gast und

Kaiser Franz von Österreich sowie Feldmarschall Blücher daselbst am 14. Oktober 1813.

König Friedrich Wilhelm III. verbrachte den 15. Oktober 1813 hier.

Albert Lortzing kam zeitweilig in das 1838 eingeweihte Stadttheater als Gast und

Gerhart Hauptmann nach dem 1909 erfolgten Umbau.

Richard Wagner besuchte am 10. Mai 1849 auf der Flucht von Dresden seinen in Chemnitz wohnenden Schwager Heinrich Wolfram, Eheman von Wagners Schwester Clara.

König Friedrich August III. von Sachsen war am 1. September 1909 zur Einweihung des König-Albert-Museums und des Neuen Stadttheaters (Opernhaus) zugegen.

Carola, Gemahlin von König Albert von Sachsen, organisierte Betreuung und Pflege Kriegsversehrter. Am Hauptbahnhof tragen Hotel und Straße ihren Namen.

*König Albert von Sachsen 1873-1902
mit Gattin Carola von Wasa*

König Friedrich August III 1904-1918

Carl Stülpner

In den dichten, dunklen Wäldern des Erzgebirges war Carl Stülpner zu Hause, von den Erzgebirglern heute noch als „Sohn ihres Volkes" verehrt. Am 30. September 1762 als 8. Kind in Scharfenstein geboren, soll er mit 16 Jahren schon als Troßsoldat am Kriegsgeschehen teilgenommen haben. Entgegen mancher Meinung ist Stülpner tatsächlich in Chemnitz gewesen. Er verpflichtete sich am 18. November 1799 bei der 7. Kompanie des Regiments Maximilian in Chemnitz zu acht Jahren und trat seinen Dienst im Januar 1780 an. Vier Jahre später erfolgte seine Versetzung als Grenadier nach Zschopau. Wegen handfester Auseinandersetzung mit dem dortigen Jägerburschen Ziegler verbüßte Stülpner 32 Wochen Arrest in Chemnitz. Zu den Manöverübungen 1785 in Mühlhausen an der Elbe wurden auch die Gefangenen mitgenommen. Auf dem Heimmarsch desertierte Stülpner am 3. Juli in die ihm vertrauten böhmischen Wälder. Anschließend wanderte er durch Ungarn, Österreich und die Schweiz. Nach Scharfenstein zurückgekehrt, fand er sich mit weiteren Wildschützen zusammen und wurde deren Anführer. Als nochmaliger Soldat diente er in Spandau. 1793 bei Kaiserslautern verwundet, desertierte er wiederum. Sein Leben lang kämpfte er als Rebell gegen die Herrenmacht und setzte sich für die Interessen der notleidenden Bevölkerung ein. In Elend und körperlich geschwächt, verstarb Carl Stülpner am 24. September 1841 in Scharfenstein und wurde in Großolbersdorf begraben.

Schloßteich und Stadtpark

![Chemnitz Schloßteich]

Abt Heinrich von Schleinitz ließ 1493 den Pleißebach zum Klosterteich anstauen. 1860 befestigten Stadtrat Zipper und Bürger die Ufer und pflanzten Bäume an. Dann beräumten sie den Teich vom Schlamm und errichteten daraus die 1870 dem Verkehr übergebene Insel. Der 1881 eingesetzte Springquell belebt die 120 000 m^2 große Wasserfläche. Leider kam dem 1912 erbauten Zipperbrunnen bisher nicht die benötigte Werterhaltung zu.

Morgenröte

In der im französischen Gartenstil erweiteren Anlage blickt die Morgenröte nach Osten.

Mit Wasserspielen erfreut ein Springbrunnen die Verweilenden.

Brunnen mit Schilling'schen Figuren

An der Treppe zum Park sind die Schilling'schen Figuren aufgestellt. Der Bildhauer Johannes Schilling schuf diese Figurengruppen 1863 bis 1868 aus weißem Sandstein. Ab 1872 schmückten sie die Freitreppe an der Brühl'schen Terrasse. Um 1900 ließ der Rat der Stadt Dresden die Figuren in Bronze gießen. Die Originale kamen als Geschenk nach Chemnitz. 1928 mußten sie, ehemals einen Brunnen zierend, dem Bau des Chemnitzer Hofes weichen. Seit 1936 führen diese Kunstschätze in den Schloßteichanlagen ein Schattendasein und weisen Beschädigungen auf.

Die erste Anlage für den Stadtpark ist mit 1798 verzeichnet. Dr. Sachse, Fabrikant und Bürgermeister, bepflanzte den Berghang an der Beckerstraße und stellte Bänke sowie Steinfiguren auf. Den Hang „Sachses Ruh'" kaufte Stadtrat Ernst Otto Clauß und schenkte ihn der Stadt zwecks Anlegung eines Parkes. Dieser Bürgergarten dehnt sich nunmehr als Stadtpark mit 5 km Länge bis zum Harthwald hin. Von 1910 bis 1914 gestaltete den Park Stadtbaugartendirektor Otto Werner, an den der Otto-Werner-Garten erinnert.

Zum Verweilen lädt das 1905 angelegte Rosarium ein, geziert mit der Plastik einer großen, schlanken Frau.

Rosarium

Stadtpark-Teich

In dem 588 000 m^2 großen Stadtpark wurde ein Teich von 34 000 m^2 Fläche geschaffen, auf welchem außer Schwänen auch Sumpf- und Wasservögel heimisch sind. Alte, mächtige Trauerweiden geben dem Teichufer besonderes Gepräge.

Am Eingang zum Park stand das im Juni 1896 enthüllte Clauß-Denkmal, mit einem Bronzerundbild das Antlitz des großen Wohltäters zeigend.

Schloßteich und Stadtpark sind zu jeder Jahreszeit gern besuchte Erholungsstätten Einheimischer sowie Fremder.

Zeisigwald

In diesem Reststück des Miriquidu, der Richtstätte für zum Tode Verurteilte gewesen sein soll, ist der Singvogel Zeisig beheimatet. Eine Urkunde von 1493 besagt: „Kayers forschte, den man itzt den Zeißigwald nennet." Um diese Zeit begannen die Steinbrecher mit Abtragen des aus Asche und Lava vulkanischer Ausbrüche entstandenen Porphyrtuffs. Wertloses und Abfallgestein türmten sie zu Halden, so zur Engels- und Teufelshalde, die gemeinsam mit den Steinbrüchen und der Teufelsbrücke stimmungsvolle Motive bieten.

Als höchste Erhebung des Zeisigwaldes zeigt sich der Beutenberg mit 422 m. Dort zweigt vom Weißen Weg der August-Müller-Weg ab. An seiner Einmündung in den D-Flügel steht der Anton-Günther-Stein zum Gedenken an den erzgebirgischen Liederdichter und Sänger, am 5. Juni 1876 in Gottesgab geboren und am 29. April 1937 daselbst verstorben. Vom Flächennaturdenkmal Fuchsberg aus hat man in 399 m Höhe bei günstigem Wetter Weitblick bis zum Fichtelberg. Unterhalb vom Fuchsberg liegt der ehemalige Ratssteinbruch mit dem Märchenwald. Nahe der 1899 von der Actien-Lagerbier-Brauerei erbauten Zeisigwaldschänke befindet sich der Goldborn. 1799 ließ dort der Ratsherr Treffurth einen Herd sowie steinerne Tische und Bänke aufstellen.

Die Spielwiese vor dem Zeisigwaldbad wurde 1895/96 angelegt, das Bad öffnete 1909. Eine hohe Bretterplanke trennte in Männer- und Frauenabteil mit je einem Wasserbecken von 15 m x 8 m. So verbrachten Vati mit dem männlichen und Mutti mit dem weiblichen Nachwuchs ihr Badeerleben getrennt. Der Drang nach Familienbad veranlaßte etwa 20 Jahre später, die inzwischen mit höhenunterschiedlichen Gucklöchern durchbohrte Trennwand zur Freude aller Badbesucher zu beseitigen. Seit der Erweiterung des Geländes und dem Bau des 50-m-Wasserbeckens fand diese Freianlage großen Zuspruch. 1985 geschlossen, gewährt dieses Objekt einen nunmehr teils verkümmerten Anblick.

In den letzten Jahrzehnten hat der gern besuchte Zeisigwald an Pflege und Aussehen beachtlich verloren. Erste sichtbare Erfolge, dieses historische Gelände wieder zu einer würdigen Erholungsstätte zu gestalten, sind Verdienste der „Interessengemeinschaft Zeisigwald".

Teufelsbrücke

Anton-Günther-Stein

Zeisigwaldschänke

Am Goldborn 1992

Am Goldborn um 1820

Chemnitz vor und nach den Luftangriffen 1945

Die anglo-amerikanischen Luftangriffe vom 14. Februar und insbesondere der vom 5. März 1945 brachten großes Leid über die Stadt. Wohngebäude, Produktionsstätten, Warenhäuser, Geschäfte, Verwaltungsgebäude, Schulen und Kirchen sowie weitere Bauten wurden Opfer von Spreng- und Brandbomben. 4000 Tote waren zu beklagen und 6,5 Millionen Tonnen Trümmer zu beseitigen. Dem Bildmaterial sind Aufnahmen zugeordnet, welche das Ausmaß an wahnsinnigen und menschenunwürdigen Zerstörungen veranschaulichen.

Markt; ehemaliger Hauptmarkt

UFA-Palast; größtes
Lichtspieltheater am Ort

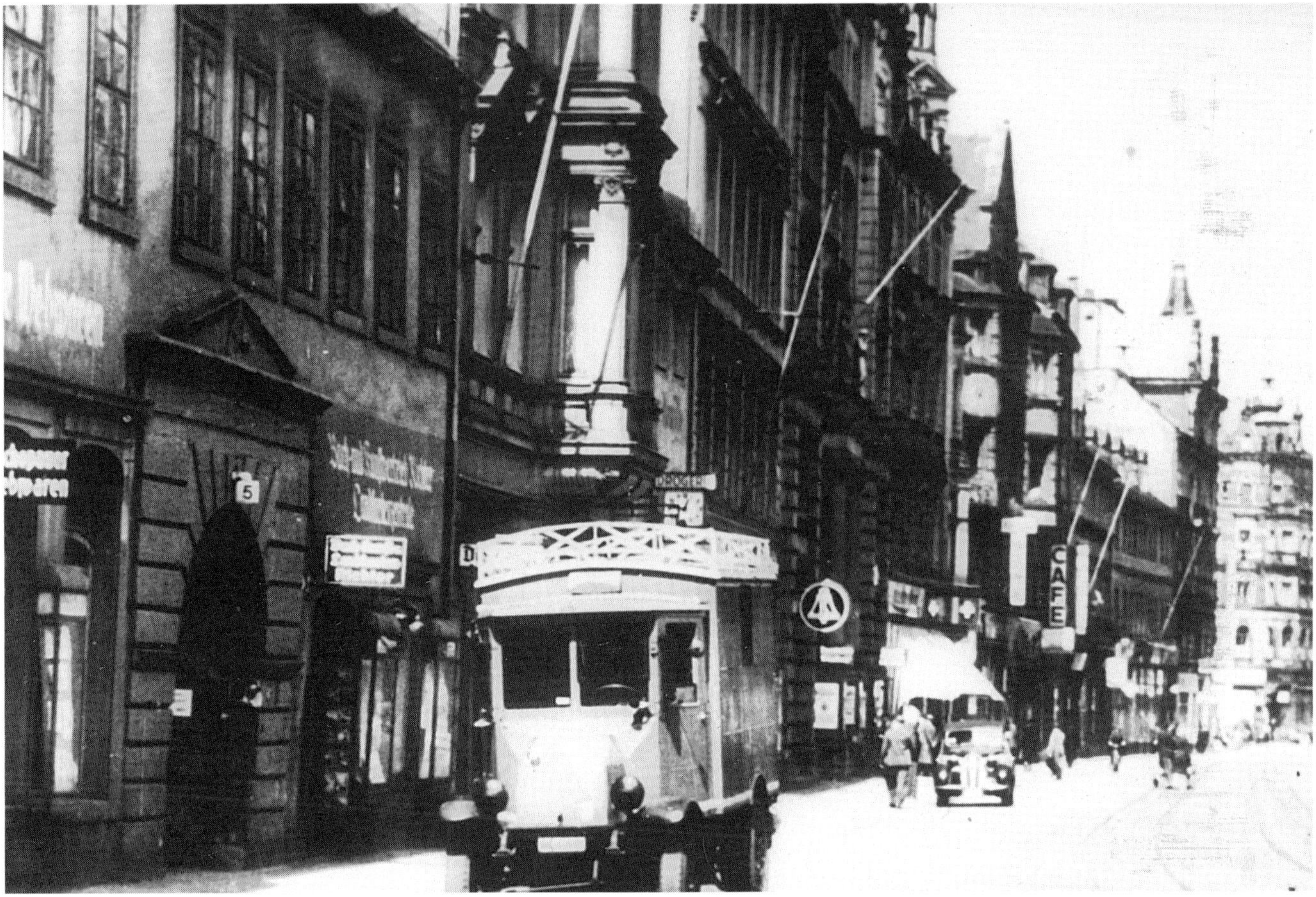

Geschäftsreiche Innere Klosterstraße

Auf meine sehr niedrigen Preise für

Felle
Pelzbesätze
Fellvorlagen
Pelzkrawatten
Pelzfutter

10 % Rabatt

damit bietet sich eine seltene Gelegenheit zu sehr günstigem Kauf.

Georg Blume, Weberstr. 12

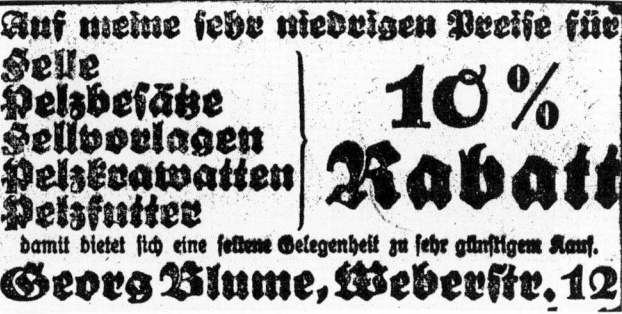

Anzeigenwerbung um 1910 in Chemnitz

Marktgäßchen, damals
schon ein ‚Boulevard‘

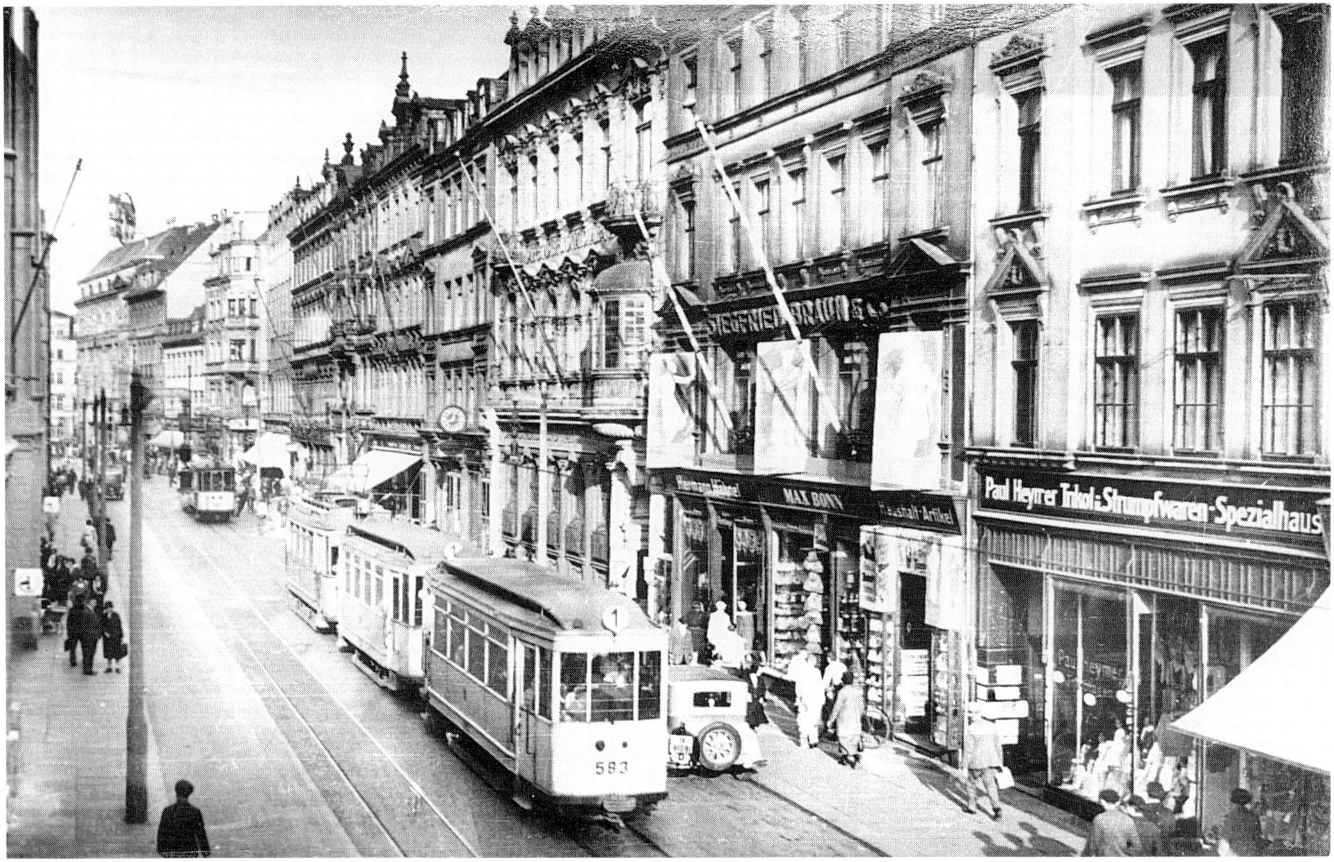

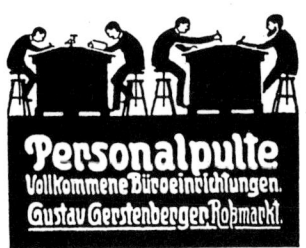

Poststraße mit Kaufhaus Tietz (letztes Gebäude rechts), dem heutigen KAUFhOF Bahnhofstraße.

Jetzt 1 Posten

Schlupfhosen

Baumwolle angerauht 1.75 95 Pf.

Schlupfhosen

Kunstseide angerauht 3.15 2.20

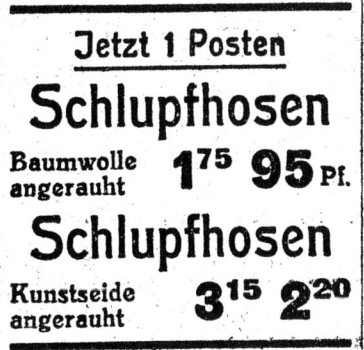

▷ *Ruinen erinnern an das Marktgäßchen.*

◁ *Roßmarkt mit Saxonia-Brunnen, auf welchem seit 9. Juli 1893 die bronzene Saxonia stand. Zwei weitere Plastiken verkörperten die Textil- und Maschinenindustrie.*

Reichscafé, äußerst dekorativ eingerichtet

Geschäftsbelebte Kronenstraße (heute: Zentralhaltestelle)

Möbel

in einfacher und vornehmer Ausführung kaufen
Sie zu stadtbekannt billigen Preisen
bei **Bruno Rößler & Blau**
Teichstraße 5—8 **Möbelfabrik** Teichstraße 5—8
neben   neben
Königsfeld   Königsfeld

CHEMNITZ
Innere Johannisstrasse und Kaiser-Café

Markt mit Kaisercafé (Deutsches Eck) und Blick in die Innere Johannisstraße

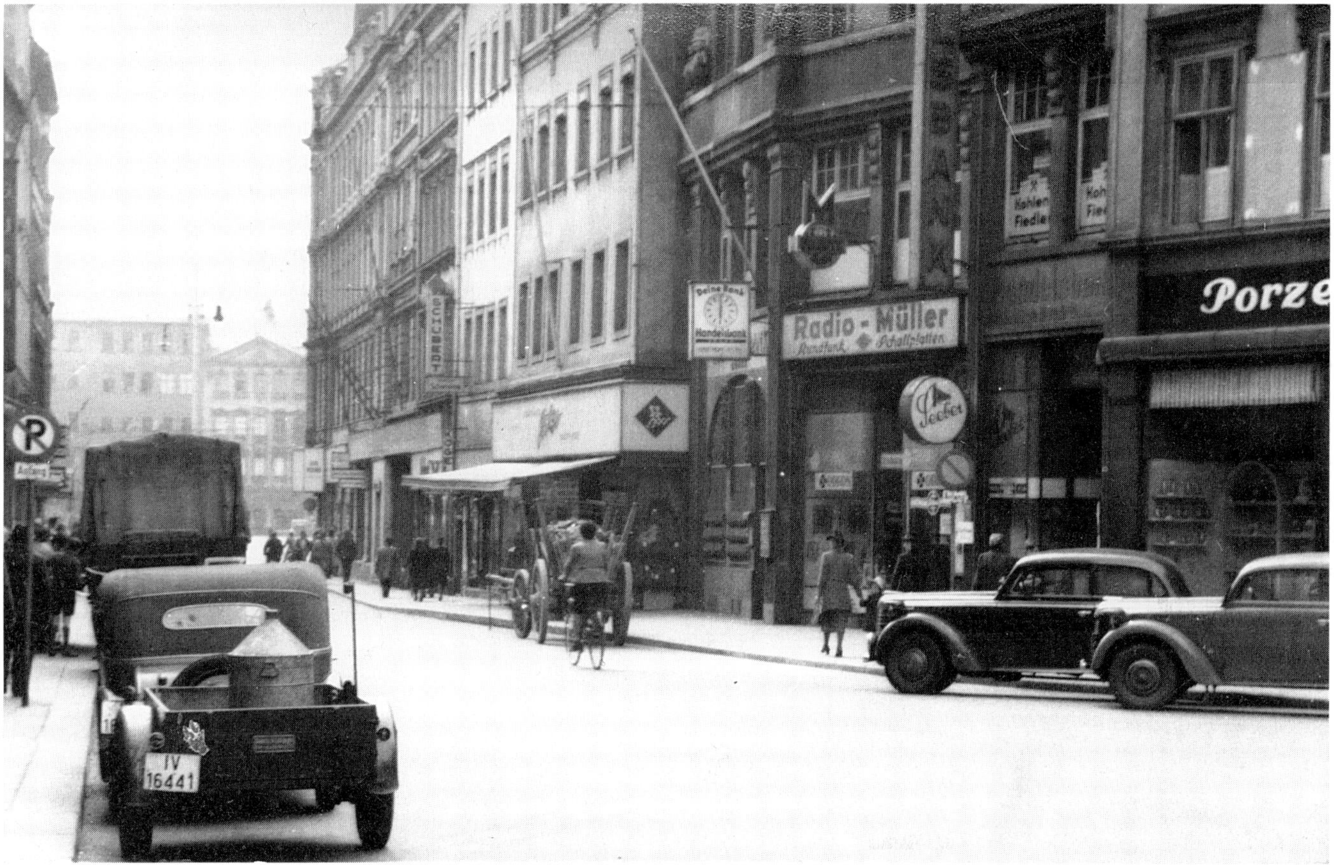

‚Innere Johannisstraße', verlief vom Markt zum Johannisplatz

Tücht. Buchhalter
oder Buchhalterin

durchaus bilanzsicher, schreibmaschinenkundig, sofort oder 15. Februar in dauernde Stellung gesucht. Angebote mit Zeugnisabschriften unt. O 5144 an die „Chemnitzer Neuest. Nachricht.".

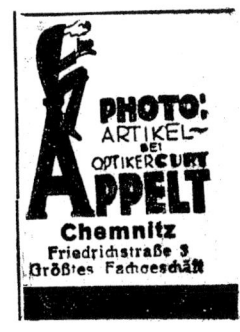

EFREUNA-Tanzcafé,
Zwinger-Straße/Innere Johannisstraße

Zerstörte ‚Innere Johannisstraße'
sowie das ausgebrannte
Bankgebäude am Johannisplatz

Äußere Johannisstraße in Richtung
Johannisplatz

*Äußere Johannisstraße mit
Schubert-Fleischer und Blick zum
Goldnen Anker. Neben dem
Uhrengeschäft befand sich die
Tanzgaststätte „Libelle".*

Äußere Johannisstraße zerstört

111

Geschäftshäuser am Johannisplatz

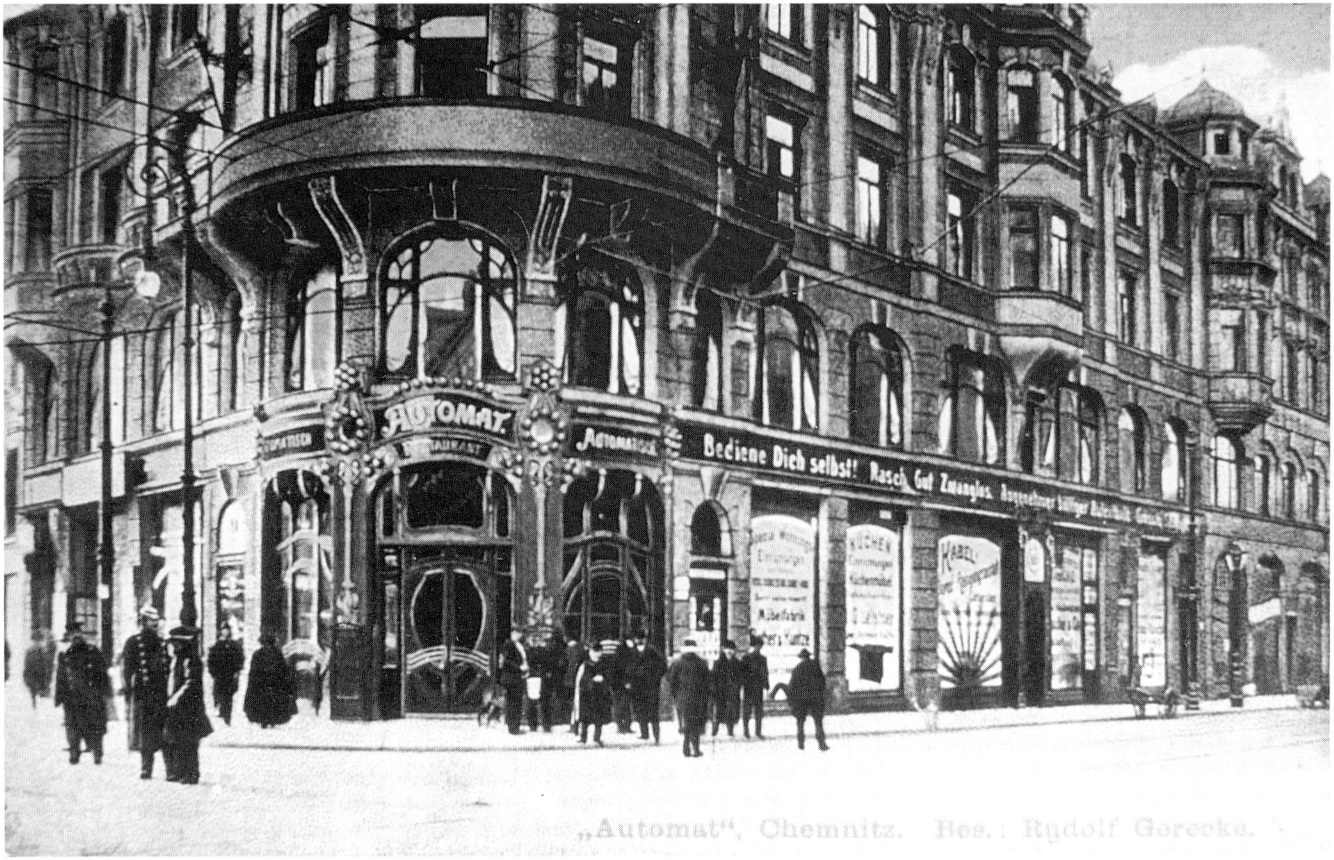

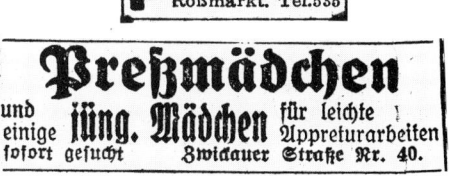

Hotel Stadt Gotha, ein kuppelgekrönter Monumentalbau von 1902.

Pianos immer bill. vorrätig b. Klemm Roßmarkt. Tel. 535

Preßmädchen

und einige **jüng. Mädchen** für leichte Appreturarbeiten sofort gesucht Zwickauer Straße Nr. 40.

Automatenrestaurant Stadt Gotha, mit Marmor ausgestattet.

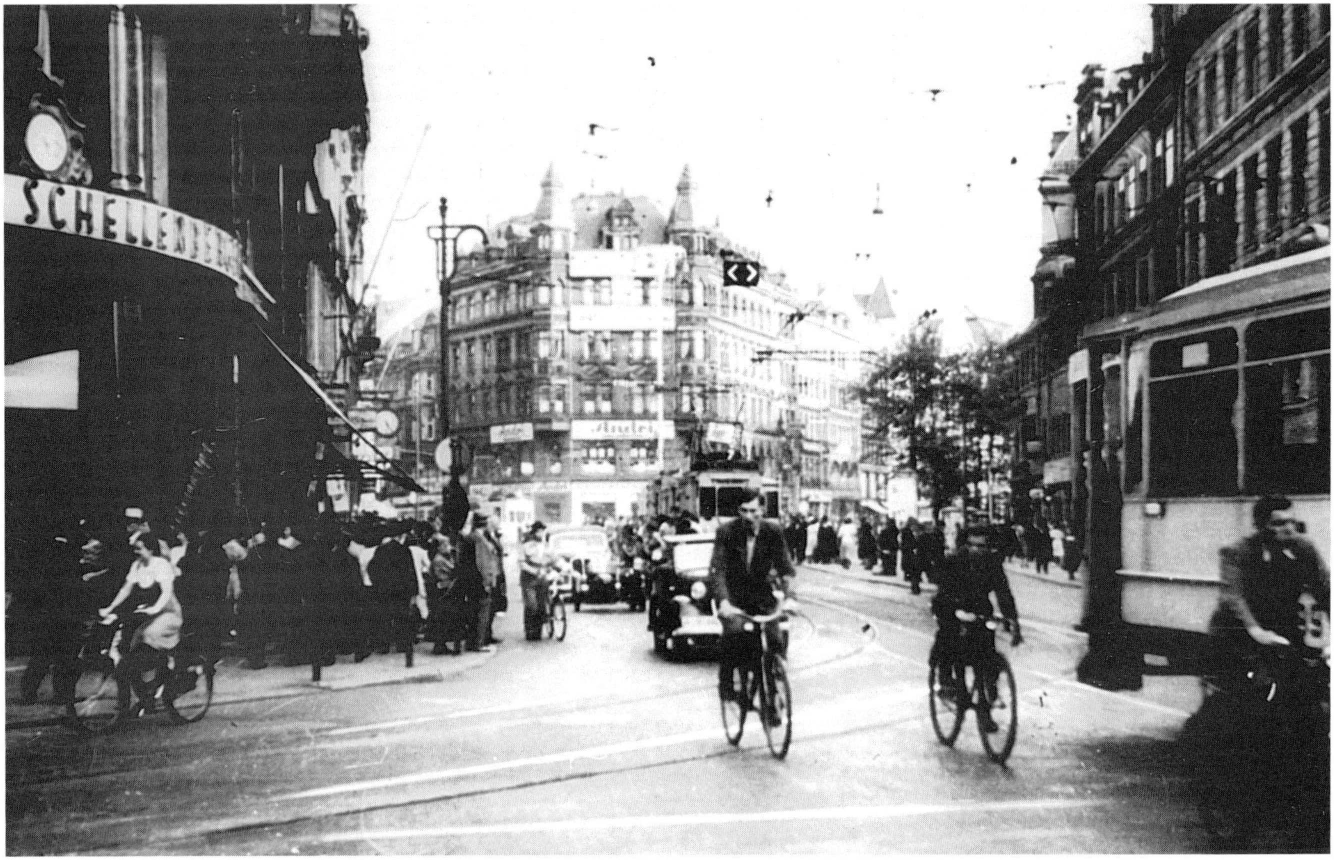

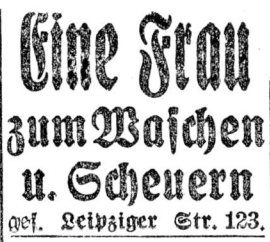

Grüne Ecke mit Kinderwagen-Andri; links das weltstädtische Geschäftshaus Bruno Schellenberger.

Eine Frau
zum Waschen
u. Scheuern
gef. Leipziger Str. 123.

Johannisplatz in Trümmern (heute: Posthof)

Chemnitz. Königstraße von Süden

Königstraße; Geschäfts- und Hauptverkehrsstraße (heute: Straße der Nationen)

Bei Grippe, Husten raten wir Ihnen, 50 Gramm von dem echten, altbewährten Fagolot-Extrakt in Ihrer Apotheke zu laufen. Sicher: Kronen-Apotheke, Königstraße 13.

*Michaelis-Conditorei und Tanzcafé in der Königstraße 17,
gegründet 1860; durch den Krieg nicht beschädigt,
jedoch ohne Beachtung historischer Werte gesprengt.*

*Herrenstraße,
mit dem 1929 eröffneten Lichtspieltheater Roter Turm.*

Bienenstock 1912, Café und Billardsaal, gegründet 1632.

Chemnitz Brühl Hotel Reichshallen

Hotel Deutsche Eiche

Brühl, so wie er war.

120

CHEMNITZ
Museum, Theater und Petrikirche

*Theaterplatz, einst Angerplatz, Neustädter Markt und Königsplatz
mit Museum, Opernhaus und Petrikirche.*

121

Blick vom Chemnitzer Hof auf die Königstraße mit Hansa-Haus und Hotel Herrmann.

Dresdner Straße mit Korb- und Kinderwagen-Straube sowie dem im Jugendstil erbauten Kunstgewerbehaus.

Verkaufsbudentrakt „Brückenstraße", eine beliebte Einkaufsstätte; im Dezember geschmückt als Weihnachtsmarkt.

Erschütternder Anblick nach den Bombardements

Chemnitz heute

Mit einigen Fotos vom heutigen Chemnitzer Stadtbild möge dem Anliegen dieses Buches genügt sein.

Blick von der Kosmos-Bar im Rosenhof

„Güldener Bock", Rosenhof, am frühen Morgen; Gaststätte heute historisch entfremdet!

Markttreiben

Klostermarkt vor der Jacobikirche

Motiv aus der ehemaligen Hauptpost

Straße der Nationen

Roter Turm mit heutiger Umgebung

Blick zum ersten Hochhaus der Innenstadt

*Brückenschule, 1876 als höhere Töchterschule gegründet, ab 1925 „Real- und Aufbauschule",
jetzt Bestandteil des Warenhauses KAUFhOF Brückenstraße.*

Johanniskirche mit Turmstumpf

Mit der nunmehr beendeten Rekonstruktion des Opernhauses ist eine Kulturstätte beeindruckender
Innengestaltung und modernster Drehbühne geschaffen worden.
Im Vordergrund des Fotos: Baugrube für den Tiefgaragenhof im Sommer 1992.

Klappbrunnen am Busbahnhof
im Morgenlicht

Brühl-Boulevard mit farbenfreudigen Fassaden, dekorativen Geschäften und Gaststätten; eine beliebte Fußgängerzone.

Hilfsaktion „Der Umwelt zuliebe!": Ausgediente Pkw kommen am Weißen Weg (Zeisigwald) in Paketform aus der Presse.

Abschließender Blick über den Schloßteich zur Schloßkirche und Klosteranlage.

Erläuterung zu Fremdwörtern und Ausdrücken

A. dni.
MCCCCLXXV — im Jahre des Herrn 1475

Abt — Vorsteher eines Klosters, einer Abtei

Abtei — von Abt geleitetes Kloster

Advokat — Rechtsanwalt

Apostel — Jünger Jesu

Archidiakon — oberster Diener

asketisch — enthaltsam; körperlich und seelisch selbstüberwindend

Bader — Friseur, Heilgehilfe

Barbarossa — Rotbart

Barock — Kunststil des 17. und 18. Jahrhunderts

„besessener lüt" — ansässige Leute, Einwohner, Bürger

Bistum — Amtsbereich eines (kath.) Bischofs

Bruderschaft — religiöse Vereinigung

Brunnen — Borna

Büttel — Gerichtsknecht

Cassino — unteritalienische Stadt, nw. Neapel

Chronik — Aufzeichnung geschichtlicher Ereignisse in Reihenfolge ihres Geschehens

Dragensdorff — Draisdorf

EFREUNA — Emil Freund Nachf.

Eruption — Ausbruch

Expansion — Ausdehnung

Exponat — Ausstellungsstück

Fama — Gerücht

Femestätte — Hinrichtungsstätte

Femoralie — Beinkleid; Hose

Feste — Festung, Burg

Forth — Furth

forum publicum — öffentlicher Markt

Fratres — Klosterbrüder ohne Priesterweihe

Gabilencia-Bach — Gablenzbach

Geißel — Peitsche

Georgius Agricola — Georg Bauer

Geschoßbuch — Steuerbuch

Gesindestube — Raum für Dienstleute

Glesaw — Glösa

Gloria patri — Ehre sei Gott, dem Vater

Gotik — Kunststil vom 13. bis 15. Jahrhundert

Griffel — Schreibstift

Hemine — Maß mit 0,27 Liter

Hilarius Carpentarius — heiterer, fröhlicher Wagner

Historiograph — Geschichtsschreiber

Hohenstaufer — Angehöriger des ehemaligen Herrscherhauses der Hohenstaufen

Holck — General unter Wallenstein

Humanismus	Weltanschauung, getragen von der edlen Menschlichkeit
Hymnus	religiöses Lied
Jugendstil	deutsche Kunstrichtung um 1895 bis 1905
Kamenicz	Chemnitz
Kanon	verbindliche Schriften der Bibel
Kapitell	verziertes Kopfstück einer Säule, eines Pfeilers
Kasteiung	Bußübung, Entbehrung
Kattundruck	Verfahren zum Bedrucken von Stoffen
Kempnicz	Chemnitz
Klausur	für Außenstehende gesperrter Gebäudeteil im Kloster
Kloster	gemeinschaftliche Wohn- und Arbeitsstätte für Mönche bzw. Nonnen
Konvent	Gemeinschaft der Brüder eines Klosters
Laienbrüder	weltliche Brüder
Laudes	Lobgesang
Lessen	Glösa
locus Kamenicz dictus	an einem Chemnitz genannten Ort
Martinsgans	für den Verzehr am Martinstag (11. November) vorgesehene Gans
Maßwerkgiebel	Verzierung in gotischen Fensterbogen
Meditation	Nachdenken; religiöse Versenkung

Mette	Früh- oder Nachtgottesdienst
Miramar	Meereswunder; wunderbares Meer
monarchi nigri	Schwarze Mönche
Mönchshabit	Ordenstracht der Mönche
Monte Cassino	Benediktinerabtei über der unteritalienischen Stadt Cassino
Nekrologium	Verzeichnis der Toten und deren Gedenktage
Non	erste Stunde
Nona	neunte Stunde
Novice	Neuling
ORA ET LABORA!	Bete und arbeite!
Oratorium	Andachtsraum
Orden, geistl.	religiöse Gemeinschaft mit lebenslangem Gelübde
Patrizier	Angehöriger des deutschen Patriziats
Patronat	Schutz-, Schirmherrschaft
Paulus Niavis	Paul Schneevogel
Prim	erste Tagesstunde
Prior	älterer Mönch als Vertreter des Abts
Privileg	Vorrecht; Sonderrecht
Prokurator	Bevollmächtigter
Psalm	geistliches Lied
Psalter	Buch der Psalmen
Quadragesima	40. Tag vor Karfreitag; Beginn der Fastenzeit

Refektorium	Speisesaal in Klöstern
Reliquie	Überrest oder Gegenstand von Heiligen; Andenken
Remter	Speisesaal in Klöstern
Renaissance	Bildungsbestreben des italienischen Bürgertums vom 14. bis 16. Jahrhundert
Rheinfranken	Bewohner der Mainzer Gegend
romanischer Baustil	Rundbogenfries; Rundbogenfenster und von Würfelkapitellen gekrönte Säulen
Saigerhütte	Schmelzhütte
Saigerturm	Uhrturm
Sakralbau	kirchlicher Bau
Saxonia	Sachsenmutter
sine luce et sine cruce	ohne Kerzenschein und ohne Kreuz
Skapulier	Schulterüberwurf der Mönchskleidung
Superintendent	oberer evangelischer Geistlicher eines Kirchenkreises
Te deum laudeamus	Dich Gott loben wir
Tunika	Überwurf mit oder ohne Kapuze
Vigilien	Vorträge hoher Feste
Visitatoren	Besichtiger
Vorwerkstube	Raum im Nebenhof
Wabengiebel	Giebel mit sechseckigen Ornamenten
Waldhufe	Waldstreifen hinter Gehöft
Wallenstein	kaiserlicher Heerführer im Dreißigjährigen Krieg
Zeidler	Imker
Zeughaus	Lager für Waffen und Kriegsmaterial
Zwinger	Raum zwischen den beiden Mauerringen der Stadtbefestigung